U0962623

法治传播的逻辑理路与实践模式

孟 烨 著

中国商业出版社

图书在版编目(CIP)数据

法治传播的逻辑理路与实践模式 / 孟烨著. -- 北京 : 中国商业出版社， 2025. 5. -- ISBN 978-7-5208-3448-3

Ⅰ. D90-059

中国国家版本馆 CIP 数据核字第 2025KW4053号

责任编辑：朱丽丽

中国商业出版社出版发行

（www.zgsycb.com　100053　北京广安门内报国寺 1 号）

总编室:010－63180647　编辑室:010－63033100

发行部:010－83120835/8286

新华书店经销

北京虎彩文化传播有限公司印刷

*

787 毫米×1092 毫米　16 开　8.5 印张　148 千字

2025 年 5 月第 1 版　2025 年 5 月第 1 次印刷

定价：45.00 元

* * * *

（如有印装质量问题可更换）

前　言

法治传播不仅是法律知识的传递，还是法治精神的弘扬与深化。在新时代背景下，法治传播肩负着塑造社会法治意识、推动全面依法治国的重要使命。本书旨在探讨法治传播的逻辑理路与实践模式，以期为法治建设贡献一分力量。

从逻辑理路来看，法治传播以习近平法治思想为指导，坚持党性原则，注重法治思维与舆论监督的统一。它不是对法律条文的简单解读，而是对法治理念的深刻阐述，旨在引导公众形成正确的法治观念，提升全社会的法治素养。

在实践模式上，法治传播需要不断创新，以适应新时代的需求。一方面，要充分利用新媒体技术，拓宽传播渠道，提高传播效率；另一方面，要注重法治文化的培育，通过生动的、直观的方式展现法治文化的魅力，让法治观念深入人心。同时，还需要强化政府与媒体的互动，形成法治传播的合力，共同推动法治建设。

本书从法治传播概述入手，分别对法治传播的逻辑理路、法治宣传教育的实践模式、法治影视作品的实践模式、法治网络传播的实践模式进行了深入探讨。希望通过本书的介绍，能够为读者提供法治传播的逻辑理路与实践模式方面的帮助。

在本书的写作过程中，笔者参阅了相关文献资料，在此，谨向其作者深表谢忱。

由于笔者水平有限，加之时间有限，书中难免存在一些不足和疏漏，敬请广大读者批评指正。

孟　烨

2025 年 4 月

目　录

第一章　法治传播概述

第一节　法治传播的基本特征

一、权威性特征

（一）法律权威来源

法律权威来源于社会契约理论，认为法律是社会成员共同约定的行为准则，具有普遍的适用性和强制性。法律的正当性不仅体现在其内容的合理性和公正性上，还在于其制定过程的民主性和透明性。只有通过合法的程序制定的法律，才能获得社会的广泛认可和遵循。法律权威的来源还依赖于法律体系的完整性和稳定性，系统化、连贯性的法律体系能够更好地体现法律的权威性。

法律权威的制度基础是法律权威得以确立和维持的根本保障。宪法作为国家的根本大法，规定了国家的基本制度和法律体系的基本框架，是法律权威的最高体现。法律法规的制定与实施则是法律权威在具体层面的体现。法律法规的制定需要遵循严格的程序，以确保其内容的合法性和合理性。法律的实施则依赖于有效的法律制度和机制，如执法机构的设置、司法机关的运作等，这些制度与机制的有效性直接关系法律权威的实现和维护。

法律权威的社会认同是法律权威得以巩固的重要因素。公众对法律的信仰与遵循程度直接影响法律权威的实际效力。法治社会的建立不仅需要法律制度的完善，还需要公众对法律的认同和信仰。社会通过法治教育和法律宣传，提高公众的法律意识和法治观念，使法律成为社会成员共同的行为准则和价值取向。只有当法律被社会广泛认同和遵循时，法律权威才能真正得以实现。

法律权威的执行力是法律权威得以实现的重要保障。执法机构和司法机关的有效运作与公正性直接影响法律权威的实际效果。执法机构需要具备专业的执法能力和良好的职业道德，以确保法律的有效实施。司法机关则需要保持独立性和公正性，以确保法律的公平适用和司法公正。要通过建立健全的法律监督机制，保障执法和司法过程的透明性和公正性，增强法律的执行力，从而维护法律的权威性。

法律权威的透明度是法律权威得以提升的重要条件。法律信息的公开与可获取性直接影响公众对法律的理解和认同。通过建立公开透明的法律信息发布机制，能够保障公众及时、准确地获取法律信息，提高法律的透明度。法律的透明性不仅有助于增强公众对法律的信任和认同，还能提高法律的执行力和公正性。通过法律信息的公开，能够增强法律的可预见性和可操作性，使法律更具权威性。

（二）权威性传播渠道

政府网站、法律宣传活动和公共服务平台等官方渠道，提供了法律信息的权威来源。这些渠道不仅确保了信息的准确性和及时性，还增强了法律的公信力。通过官方渠道发布的法律信息，能够有效地指导公众的法律行为，促进法治社会的建设。同时，官方渠道具有的透明性和开放性，使得法律信息的传播更加广泛和深入，使公众可以便捷地获取法律资料，提升法律素养。

法治传播的媒体渠道在提高公众法律意识方面发挥着重要作用。传统媒体如报纸和电视，凭借其广泛的覆盖面和公众的信任度，能够有效地传播法律知识。与此同时，新媒体的兴起，如社交网络和博客，为法治传播提供了新的平台和机遇。这些新兴媒体渠道，以其互动性和即时性，吸引了大量受众，尤其是年轻群体。通过这些渠道，法律知识的传播变得更加生动和贴近生活，公众的法律意识得以提高。此外，媒体渠道还可以通过专题报道和法律节目，深入浅出地解释法律条款和案例，帮助公众更好地理解和运用法律。

法治传播的教育渠道通过系统化的教育活动，增强公众对法律的理解与认可。学校教育是法治传播的重要组成部分，通过法律课程的设置和法治教育活动的开展，能够使学生在成长过程中逐步树立法律意识。社区培训和法律讲座等形式，也为公众提供了学习法律知识的平台。这些教育活动，不仅普及了法律常识，还培养了公众运用法律维护自身权益的能力。通过教育渠道的传播，法治观念能够深入人心，推动社会的法治化进程。

法治传播的专业机构渠道依托律师事务所、法律援助机构和专业研究机构等，提供专业的法律咨询与服务。这些机构以其专业性和权威性，成为公众获取法律帮助的重要来源。律师事务所通过提供法律咨询和代理服务，帮助公众解决法律问题，维护合法权益。法律援助机构则为经济困难的群体提供免费的法律服务，保障他们的基本权利。专业研究机构通过法律研究和政策建议，推动法律制度的完善和法治环境的优化。通过专业机构渠道的传播，法律的权威性和公信力得到进一步提升，公众对法律的信任度和依赖度也随之增强。

二、专业性特征

（一）专业知识要求

在法治传播的过程中，专业知识要求从业人员具备扎实的法律基础知识，并能够熟练运用这些知识来分析和解读法律问题。通过对法律条文的理解和运用，传播者能够将复杂的法律概念转化为易于理解的语言，帮助公众更好地理解法律的内涵和意义。专业知识的掌握不仅提升了传播内容的权威性，还增强了公众对法律制度的信任和支持。

在法治传播中，传播者对宪法、法律法规及相关政策的理解与掌握是至关重要的。宪法作为国家的根本法，规定了国家的基本制度和公民的基本权利，是法治传播的核心内容之一。传播者需要准确理解宪法条文及其背后的法律原则，以确保传播内容的合法性和准确性。此外，传播者对具体法律法规的熟悉程度直接影响传播的深度和广度。不同领域的法律法规，如民法、刑法、行政法等，均有其独特的适用范围和解释规则，传播者需要根据具体情境进行准确的法律解读和传播。

法律术语的专业性要求是法治传播中不可忽视的一个方面。法律语言具有独特的严谨性和规范性，传播者在进行法治传播时，必须准确使用法律术语，以确保传播内容的准确性与专业性。错误使用法律术语不仅会导致信息的误解，还可能引发法律责任。因此，传播者需要对法律术语有深刻的理解和准确的运用能力，确保信息在传播过程中的完整性和准确性。此外，法律术语的正确使用也有助于提升传播内容的专业性，使公众更信赖和接受所传递的信息。

法律伦理与职业道德是法治传播中不可或缺的组成部分。传播者在进行法治传播时，必须遵循法律伦理原则，确保传播内容的公正性和可信度。法律伦理要求传播者在信息传播过程中保持中立，不偏袒任何一方，确保信息的客观性和公正性。同时，职业道德要求传播者在工作中保持高度的责任感和职业操守，避免因个人利益或外界压力影响传播内容的真实性和完整性。通过对法律伦理与职业道德的遵循，传播者能够树立良好的职业形象，增强公众对法治传播的信任和支持。

（二）专业传播团队

一支高效的专业传播团队不仅应具备扎实的法律知识，还应具备出色的传播能力，以便将复杂的法律概念转化为易于理解的信息。团队的专业性体现在其能够根据目标受众的需求，设计出具有针对性和吸引力的传播内容，确保法律信息的准确性和可接受性。此外，专业传播团队还应具备敏锐的时事洞察能力，能够迅速响应社会热点问题，并从法律视角进行解读和传播，提升公众的法治意识和法律素养。

专业传播团队的组成结构是其发挥作用的基础。通常，一支完整的团队应由法律专家、传播学者和技术支持人员组成。法律专家负责提供准确的法律知识和解读，确保信息的权威性和准确性；传播学者负责设计传播策略，优化信息的呈现方式，以最大限度地提升传播效果；技术支持人员负责提供必要的技术保障，确保信息在多平台上的顺利传播和互动。这种多学科协作的模式不仅能够实现信息的整合，还能够促进团队成员间的相互学习和专业提升，形成合力以应对复杂的法治传播挑战。

为保持专业传播团队的高效运作，建立健全的培训与发展机制是必不可少的。定期的法律知识更新培训能够帮助团队成员紧跟法律发展的步伐，确保传播内容的时效性和准确性。同时，传播技能的培训也是不可或缺的，它能够提升团队成员的信息设计与表达能力，使其能够更好地适应新媒体环境下的传播需求。通过系统化的培训与发展，不仅能够提高团队成员的个人素质，还能够增强团队的整体竞争力，为法治传播的顺利实施提供坚实的人才保障。

在专业传播团队中，明确的角色定位是高效运作的前提。每位成员都应清楚自己的责任与任务，从而在法治传播的各个环节中发挥作用。例如，内容创作人员负责根据法律专家提供的信息进行创意性加工，确保传播内容的生动性和吸引力；信息审核人员负责对传播内容进行严格把关，确保其准确性和合法性；效果评估人员通过数据分析和反馈收集，评估传播活动的效果，为后续传播策略的优化提供依据。通过明确的角色分工，团队能够在协作中高效运作，实现法治传播的目标。

在法治传播的过程中，团队内部的沟通与协调至关重要。一个高效的协作模式能够确保信息在团队内部的快速流转和准确传递，从而提高传播效率。团队成员间应建立起畅通的沟通渠道，并定期进行信息交流和意见反馈，以便及时发现和解决传播过程中出现的问题。此外，团队还应建立起一套有效的协调机制，确保在信息创作、审核和发布的各个环节中，各成员能够紧密合作，形成合力。通过良好的协作模式，专业传播团队能够在复杂多变的传播环境中保持高效运作，确保法律信息的准确传递与有效传播。

三、准确性特征

（一）信息准确性保障

信息准确性保障包括多个层面，其中最为关键的是信息来源的可靠性。法律信息须来源于权威机构，如政府部门、法院、立法机构，或是经过认证的法律专业人士。信息来源的可靠性不仅是法律信息可信度的基石，也是防止错误信息传播的重要手段。确保信息准确性还需要严格的审核流程，只有经过法律专业人士的核实与确认，法律信息才能发布。只有通过建立多层次审核机制，法治传播的内容才能真正做到准确无误。

信息来源的可靠性是法治传播中不可或缺的一部分。法律信息的复杂性和专业性要求信息的来源必须具有高度的权威性和专业性。这意味着，法律信息应当来自政府部门、法院发布的判例、立法机构的公告，或是由具备法律资格的专业人士撰写和审核的内容。只有这样，才能避免因信息不准确导致的法律误解或错误适用。通过确保信息来源的可靠性，法治传播的内容不仅能反映法律的真实意图，也能有效地指导公众的法律行为和决策。

信息审核机制是保障信息准确性的重要环节。建立多层次的审核流程，有助于在信息发布前对传播内容进行严格把关。首先，初步审核由具备法律知识的编辑进行，他们负责对信息的基本准确性进行检查。其次，信息需要经过法律专业人士的深度审核，以确保法律条款、术语和案例的使用无误。最后，信息发布前还需通过法律顾问或相关机构的最终确认。多层次的审核机制不仅提高了信息的准确性，也增强了法治传播的公信力和权威性。

法律术语的准确使用是法治传播中不可忽视的细节。法律语言具有高度的专业性和严谨性，任何术语的误用都可能导致法律意义的重大偏差。因此，在法治传播中，必须严格遵循标准化的法律术语，以确保传播信息的清晰和准确。这不仅需要传播者具备扎实的法律基础知识，还需要在传播过程中仔细推敲每一个术语的使用。通过准确使用法律术语，法治传播才能有效避免因语言模糊导致的误解与混淆，从而提高法律信息的可理解性和可信度。

（二）误差控制机制

建立多层次的法律信息审核流程是确保法律信息准确性的关键步骤。在信息发布之前，法律专家需要对每一条法律信息进行严格审查，以确保其符合现行法律法规。通过建立多层次的审核机制，可以有效地过滤掉潜在的错误信息，提升法律信息的准确性。此外，这种机制还可以在法律信息的传播过程中起到监督作用，防止因个人疏忽或主观偏见导致的信息误差，从而保障法律信息的权威性和可靠性。

定期对法律信息进行回顾与更新是误差控制机制的重要组成部分。法律法规和政策在不断变化，而过时的信息可能会误导公众。因此，法治传播机构需要建立一套系统的回顾与更新机制，以确保传播内容始终反映最新的法律法规和政策。这样不仅能避免公众因获取过时信息导致的误解，还能增强法治传播的时效性和针对性。通过建立动态的更新机制，法治传播能够更好地满足社会发展的需求，确保信息的准确性和实用性。

法律术语的标准化是确保法律信息准确性的重要措施。由于法律术语具有专业性和复杂性，不同的解释可能会导致理解上的偏差。因此，制定统一的法律术语使用规范显得尤为重要。通过法律术语的标准化，可以避免术语不一致带来的理解偏差，确保信息接收者能够准确理解法律信息的含义。这不仅有助于提升法律信息的准确性，还能提高法律信息的可读性和易懂性，使得法治传播更具普及性和教育性。

引入反馈机制是提升法律信息准确性的重要手段。公众在接收到法律信息后，可能会发现其中的错误或不准确之处。鼓励公众对法治传播内容提出意见和建议，可以帮助法治传播机构及时发现并纠正错误信息。通过引入反馈机制不仅能提高法律信息的准确性，还能增强法治传播的互动性。通过公众的参与，法治传播能够更好地满足社会的需求，提升其在公众中的影响力和公信力。反馈机制的实施，也体现了法治传播的开放性和透明性，为构建良好的法治社会环境奠定了基础。

四、及时性特征

法律信息的更新及时性是法治传播中必须关注的一个重要方面。法律法规会随着社会的发展和变化不断更新，因此，法治传播必须紧跟法律变动的步伐，确保传播内容是最新的。这不仅要求传播者具备敏锐的信息捕捉能力，还需要建立有效的信息更新机制，以便在法律法规发生变化时，能够迅速调整传播内容。通过及时更新法律信息，法治传播才能真正反映法律的实际情况和适用性，从而为公众提供准确、可靠的法律指导。

（一）信息发布时效

法律信息的发布需要确保在法律变更或新法规出台后能够迅速传播，以便公众及时了解相关法律变化。这种时效性不仅要求法律信息在发布后迅速到达公众手中，还要求信息的内容准确、权威，以减少信息误导的风险。法律作为社会秩序的基石，其变化会对公众的权利和义务产生直接影响，因此，及时的信息发布可以帮助公众迅速适应新的法律环境，避免因信息滞后带来的法律风险。

信息发布的即时性是法治传播的核心要求之一。为确保法律信息能够迅速而广泛地传播，信息发布应采用多渠道策略。这包括通过社交媒体、官方网站、新闻发布会等多种传播渠道同时发布法律信息。多渠道的传播策略不仅能够提高信息的覆盖率，还能确保不同受众群体能够通过其习惯的渠道获取信息。该策略的实施需要精心地计划和协调，以确保信息在各渠道间的一致性和同步性，从而提高整体传播的时效性。

信息发布的响应机制是法治传播及时性的重要保障。建立快速响应团队是应对法律问题，引发公众关注的有效手段。该团队能够在某一法律问题成为公众焦点时迅速发布权威的解读和指导，帮助公众理解复杂的法律条款，降低法律风险。构建高效快速的响应机制不仅需要法律专业人士的参与，还需要传播专家的配合，以确保信息的准确性和易于理解。通过及时响应，法治传播能够有效地引导公众舆论，维护社会稳定。

信息发布的监测与评估是确保法治传播时效性的关键环节。定期评估信息传播的效果，可以帮助传播者了解信息是否及时送达目标受众，以及受众对信息的理解程度。根据公众反馈和法律环境的变化，动态调整传播策略，以提高传播的效率和效果。建立监测与评估机制不仅有助于提高信息发布的质量，还能为未来的传播活动提供宝贵的经验和数据支持，推动法治传播的持续改进和优化。

（二）及时反馈机制

在法治传播中，通过建立公众反馈渠道，如问卷调查、在线平台等，不仅可以鼓励法律信息接收者积极参与反馈过程，提出意见与建议，还有助于法治传播者及时了解公众对法律内容的理解与需求，从而有针对性地进行调整与优化。

定期召开法治传播效果评估会议是及时反馈机制中的关键环节。评估会议通常会聚法律专家与传播团队，旨在深入分析公众反馈与传播效果。通过召开评估会议，传播团队能够更好地理解法律信息在公众中的接受程度，并据此调整传播策略。这种评估不仅提升了法律信息的有效性，还架起了传播团队与公众之间的沟通桥梁。

在现代信息社会中，社交媒体和新媒体平台的应用为法治传播提供了前所未有的便利。法治传播者通过这些平台不仅可以实时收集公众对法律信息的反馈，还能快速响应并进行必要的信息修正。这种即时互动的方式，不仅提高了法治传播的互动性与透明度，还使法律信息能够更迅速地适应公众需求，提升传播的效率与效果。

为了进一步优化法治传播的及时性，数据分析工具的实施显得尤为重要。传播者通过监测公众对法律信息的关注度和反应，可以利用数据驱动的方式进行内容和形式的优化。这种基于数据的策略调整，不仅提高了法治传播的针对性，还确保了信息传递的及时性与准确性。数据分析工具的应用，正逐步成为法治传播中不可或缺的一部分，为法律信息的有效传播提供了坚实的技术支持。

第二节　法治传播的基本原则

一、真实性原则

（一）信息来源可靠性

在法治传播的过程中，法律信息主要来源于国家立法机关、法院、检察院等权威机构。由于其发布的信息具有公信力和法律效力，因此能够为公众提供准确的法律依据和指导。通过依赖这些权威机构，能够确保法治传播内容的合法性和权威性，避免因信息来源不当导致的误导和混乱。

法律信息的发布不仅需要权威的信息来源，还必须经过法律专业人士的审核。法律专业人士具备丰富的法律知识和实践经验，能够对信息的准确性和专业性进行严格把关，确保传播的法律信息不含糊、不失真。通过这种审核机制，法治传播可以有效地避免因信息不准确而误导公众的问题，从而维护法律的尊严和公众的信任。

法律信息的及时更新是法治传播的重要环节。法律法规和政策变化频繁，及时更新法律信息是确保传播内容与时俱进的关键。过时的信息可能会导致公众在法律问题上的误解和错误决策。因此，法治传播必须建立信息更新机制，确保所传播的内容始终反映最新的法律动态和政策变化，从而帮助公众更好地理解和遵循法律。

法律信息的传播渠道需经过认证，以确保其合法性和权威性。随着信息技术的发展，传播渠道多样化，但并非所有的渠道都具备同等的可信度。只有经过认证的传播平台才能够提供稳定和可靠的法律信息服务，有助于提升信息的可信度和传播效果。通过选择合适的传播渠道，法治传播可以更有效地将权威法律信息传递给公众，增强其对法律的理解和遵从。

（二）事实核查机制

为了确保法律信息的准确性和权威性，成立法律信息核查小组是必不可少的。该小组的主要任务是对各种法律信息进行严格的审查，以防止错误信息的传播。核查小组的成员通常由法律专家、信息技术专家和传播学者组成，他们共同负责对信息的真实性进行把关。通过专业化的分工与合作，法律信息的核查过程变得更加严谨且可靠。

为了提高审核效率和透明度，制定标准化的事实核查流程显得尤为重要。该流程需要明确信息审核的具体步骤和责任人，以确保每一环节都有专人负责，避免责任不清导致的审核漏洞。标准化流程不仅提高了核查工作的效率，还增强了信息审核的透明度，使得各方都能清楚了解核查的进展和结果。通过建立透明化的核查机制能够有效提升公众对法律信息的信任度。

技术手段在提升法律信息核查的准确性和及时性方面发挥着重要作用。数据挖掘和人工智能等现代技术为信息核查提供了强大的支持。现代技术可以快速分析和比对大量信息，从而发现潜在的错误或不一致之处。通过技术手段的辅助，核查小组能够更高效地开展信息审核工作，确保法律信息的及时更新和准确发布。这种技术与人力的结合，为法治传播的真实性提供了有力保障。

建立法律信息核查的反馈机制是完善事实核查体系的重要环节。公众和法律专家的参与能够为信息核查提供多元化的视角和建议。鼓励他们质疑信息的真实性并提出建议，不仅有助于及时发现核查过程中的问题，还能推动核查机制的不断改进。通过互动式的反馈机制，核查小组可以更好地了解公众的需求和意见，从而不断优化核查流程，提高法律信息的传播质量。

二、客观性原则

（一）多角度信息呈现

在法治传播中，多角度信息呈现的必要性体现在多个方面。法律本身具有高度的复杂性和专业性，不同的法律条文在不同的情境下可能会产生不同的解释。通过多角度的解读，传播者能够揭示法律文本中潜在的多义性，并为受众提供更为全面的理解。此外，多角度信息呈现还可以帮助受众认识到法律的多样性，理解同一法律在不同司法管辖区或文化背景下可能存在的差异。这种对法律信息的多元解读，不仅有助于提升受众的法律素养，还能增强他们对法律体系的信任和认同感。

法治传播的目标之一是确保信息能够被不同背景和文化的受众有效理解。因此，传播者在进行多角度信息呈现时，必须充分考虑受众的需求和理解能力。不同的受众群体可能在法律知识、文化背景和信息获取习惯等方面存在显著差异，这就要求传播者在设计信息传播策略时灵活调整信息的呈现方式。例如，对于专业法律工作者，信息应更为专业和深入；而对于普通公众，信息则应当通俗易懂。通过这种受众适应性的信息呈现方式，法治传播能够在不同的社会群体中实现更好的传播效果和更广泛的影响力。

在法治传播中，建立有效的反馈机制是多角度信息呈现的重要组成部分。通过鼓励受众对法律信息的多元解读进行反馈，传播者能够获得宝贵的第一手信息，从而不断优化信息传播的策略和内容。反馈机制不仅可以帮助传播者了解受众对信息的理解程度和接受度，还能揭示传播过程中可能存在的误解和偏差。通过对反馈信息的分析和研究，传播者能够在未来的传播过程中采取更为精准和有效的策略，进一步提高信息的准确性和可信度。有效的反馈机制不仅是传播者与受众之间互动的桥梁，也是推动法治传播不断进步和完善的动力。

（二）避免偏见与误导

在进行法治传播时，必须确保信息来源的多样性。法律信息的偏见往往来源于单一的信息来源，缺乏多元视角。因此，传播者应通过不同的法律专家、机构和媒体来获取信息。这种多样性不仅能呈现一个全面的法律视角，还能帮助受众更好地理解法律问题的复杂性和多面性。

在法治传播中，建立严格的信息审核机制至关重要。信息审核机制的核心是确保传播内容经过多方验证，以防止因个别观点或错误信息导致的误导。这种机制包括对信息源的交叉验证、对法律条文的准确解读以及对法律事件的全面分析。通过这些措施，可以有效维护法治传播的公正性，确保受众接收到的信息是真实的、客观的，从而提高法治传播的可信度和权威性。

强化法治传播中的伦理意识是避免偏见与误导的关键。传播者在进行法律信息传播时，需要保持中立，避免个人情感或立场影响信息的客观呈现。传播者的责任不仅在于提供准确的信息，还在于提升公众的信任度。通过保持中立，传播者可以帮助受众更理性地看待法律问题，避免因情感因素对法律信息产生误解。

开展公众教育与培训是提升受众法律素养的重要途径。通过系统的法律教育，受众可以更好地识别偏见与误导信息，从而在面对复杂的法律信息时，能够做出更理性的判断。公众教育的内容包括但不限于法律基本知识、信息识别技巧以及对法律信息的批判性思维训练。通过开展公众教育，受众不仅能提高自身的法律素养，还能在日常生活中更有效地解读和应用法律信息。

三、公正性原则

（一）信息的平等获取

通过确保法律信息传播渠道的多样性，我们能够更好地满足不同群体的获取需求，促进信息的平等获取。在现代社会中，信息的传播不再依赖于传统的纸质媒介，而是通过互联网、社交媒体、广播、电视等多种渠道进行。多样性的传播渠道使得信息能够更广泛地覆盖到各个社会阶层和领域，从而减少信息不对称带来的不公正现象。

建立针对弱势群体的法律信息服务机制是实现信息平等获取的重要步骤。弱势群体往往受到经济、文化、教育等方面的限制，无法与其他群体一样便捷地获取法律信息。因此，专门为这些群体建立法律信息服务机制，可以有效地确保他们在法律服务和信息获取上的平等机会。这不仅有助于提升他们的法律意识和维权能力，还在更大范围内推动了社会的公平与正义。通过建立服务机制，弱势群体能够在法律事务中获得更为平等的发声权和参与权。

推动法律信息的无障碍传播是实现信息平等获取的关键措施。无障碍传播意味着信息的传递不仅要考虑技术的普及性，还要关注信息的可理解性和可接受性。采用简洁易懂的语言和多种媒介形式，是确保所有人群都能理解和接收法律信息的重要手段。特别是在面对文化水平参差不齐的受众时，法律信息的表达方式需要进行适当的调整，以便更好地传达信息的核心内容。无障碍传播不仅是技术上的创新，更是对受众需求的精准回应。

加强法律信息的社区传播是实现信息平等获取的基础保障。通过开展地方性宣传活动，法律信息可以更深入地渗透到不同地区和社会背景的公众中。社区传播不是单向的信息传递，而是一种互动的交流过程。通过开展社区活动，公众可以更直接地参与到法律信息的讨论中，增强自身的法律素养。同时，这种传播方式也能及时反馈公众的需求和困惑，为法律信息的进一步传播提供有价值的参考。社区传播不仅是信息的传递，更是社会参与和互动的体现。

（二）信息的公正性处理

通过建立信息处理透明机制，能够在法律信息传播过程中公开其处理流程，这种透明性不仅增强了公众对信息公正性的信任，还为信息的准确性提供了保障。透明机制的建立意味着所有的法律信息处理步骤都是可追溯的，公众可以了解信息是如何被收集、处理和发布的，从而在信息的公正性上建立起更加稳固的信任基础。

为了确保法律信息的公正性，制定公正的信息发布标准显得尤为重要。所有法律信息在发布前都需要经过公正的审核程序，这一程序的设定是为了避免任何形式的偏见干扰。公正的信息发布标准不仅要求信息的内容准确无误，还需要确保信息的发布不受外界不当影响。通过严格的审核程序，法律信息能够保持其客观性，并在传播过程中不被曲解或误用，从而维护法律信息的权威性与公正性。

引入多方参与的法律信息处理平台是提高信息处理公正性的重要手段。通过鼓励法律专业人士、公众和相关组织共同参与信息的审核与反馈，不仅可以丰富信息的来源，还能够在多方视角的交汇中提高信息的全面性与准确性。多方参与的机制有助于在信息处理过程中发现潜在的问题，并通过集体智慧进行优化和改进，从而确保法律信息的处理过程更加公正、透明。

开展法律信息公正性评估是对法治传播公正性的持续保障。定期对法律信息传播的公平性进行审查，可以有效防止信息偏向特定利益群体，确保传播内容的客观性与公正性。通过公正性评估，能够及时发现并纠正信息传播中的不当之处，维护法律信息的中立性与客观性，从而增强法律信息的社会信任度和影响力。这一过程不仅是对信息公正性的检验，也是对法治传播体系的持续优化。

四、导向性原则

（一）社会责任导向

社会责任导向要求法治传播不仅仅是对法律知识的传递，更是对社会弱势群体需求的回应。法治传播应关注社会弱势群体的需求，确保他们能够平等获取法律信息与服务。这种关注不仅是对社会公平正义的促进，也是对社会整体法治环境的优化。通过加强对弱势群体的法律支持，法治传播能够有效减少社会矛盾，推动社会的和谐与稳定。

在法治传播过程中，积极引导公众树立法治意识是实现社会责任导向的核心任务之一。法治传播应通过多种形式的教育和宣传，增强公众的法律信仰，提高全社会的法治素养与文明程度。法治意识的增强不仅有助于对个人合法权益的保护，也能促进社会整体的法治进步。通过培养公众对法律的信任和尊重，法治传播能够为社会的长治久安提供坚实的基础。

法治传播承担着提升公众对法律理解和遵循的社会责任。通过普法教育和宣传，法治传播不仅提高了公众的法律知识水平，还促进了法律在社会生活中的实际应用。公众对法律的理解和遵循程度直接影响到社会的和谐与稳定。法治传播通过有效的教育手段，使法律知识深入人心，从而减少法律纠纷，促进社会的和谐发展。

法治传播还应关注社会热点问题，及时为公众提供法律指导与支持，帮助公众应对法律风险与挑战。社会热点问题往往涉及复杂的法律关系，公众在面对这些问题时，需要法律的指引和支持。法治传播通过提供及时的法律指导，不仅帮助公众维护自身合法权益，也能有效化解社会矛盾，促进社会的稳定与发展。法治传播在这一过程中体现出的社会责任感，是其导向性原则的重要体现。

（二）法治意识引导

通过举办法律讲座、开展法治宣传活动等，不仅普及了法律知识，使法律知识深入人心，还让公众在参与中感受到法律的实际价值和意义，在潜移默化中提升了对法治的认知水平，从而在社会中形成了对法律的尊重与遵循的良好氛围。

在信息化时代，新媒体平台的兴起为法律知识的传播提供了前所未有的便利。通过利用新媒体平台，法律知识的传播不仅变得更加便捷，而且由于其互动性强的特点，极大地提升了公众的参与感。在微博、微信、短视频等平台上，法律知识以图文并茂、视频讲解等形式呈现，使得公众在轻松愉快的氛围中学习法律知识。这种方式不仅提高了公众的法治意识，同时也增强了法治意识的社会影响力，使法律知识的传播更加深入人心。

结合社会热点问题，及时发布法律解读与指导，是法治意识引导的重要策略。在社会热点事件中，公众往往对法律的应用充满疑问和关注。通过及时的法律解读与指导，法律工作者能够帮助公众理解法律在现实生活中的具体应用。通过及时性和针对性的法治传播，不仅能够满足公众的法律需求，同时也能有效地引导社会舆论，避免因法律误解引发社会矛盾，从而进一步增强公众的法治意识。

法治教育培训的开展，是提升公众法律素养的重要途径。通过系统的法治教育，不仅能够使公众掌握基本的法律知识，还能够使其在日常生活中自觉遵循法律。这种教育不仅限于学校的课堂教学，还包括社区的法律知识讲座、企业的法律培训等多种形式。通过持续的法治教育，公众的法律素养得以提升，法律意识得以增强，最终在社会中形成良好的法治文化氛围。这种文化氛围的形成，将为法治社会的建设奠定坚实的基础。

第三节　法治传播的功能定位

一、信息传递功能

（一）法律信息公开

通过法律信息的公开，公众能够更好地了解法律的内容、法律实施的过程及其对社会生活的影响，从而增强对法律的理解和认同。通过法律信息的公开，政府能够有效地传达法律意图，减少信息不对称带来的误解和不信任，进而巩固法治基础。

法律信息公开的必要性不仅体现在透明度对于公众信任和法律遵循的重要作用上，还在于其为公民提供了参与法律事务的基础。通过公开法律信息，公众能够获取与自身权益相关的法律知识，从而在法律框架内更好地维护自身权益。法律信息的公开不仅有助于提升公众的法律素养，还能激发公众对法律事务的兴趣和参与度，使法律不再仅仅是专业人士的专属领域，而是每位公民都能理解和应用的工具。法律信息的公开，是实现法律民主化的重要途径，是法治社会发展的必然要求。

法律信息公开的方式多种多样，涵盖了从传统到现代的多种渠道。政府官方网站是法律信息公开的主要途径之一，通过官方网站，公众可以获取最新的法律法规、政策解读以及相关的法律动态。此外，法律数据库的建立和完善，为法律信息的系统化、规范化提供了重要支持。公共信息平台的出现，则进一步拓宽了法律信息的传播渠道，使得法律信息的获取更加便捷和高效。法律信息公开方式的多元化，不仅提高了法律信息的可获取性，也为不同层次的公众提供了多样化的选择，满足了不同群体对法律信息的需求。

法律信息公开的法律保障是确保信息传播合规性与权威性的关键。相关法律法规对信息公开提出了明确的要求，确保法律信息的公开不仅是政府的责任，也是法律的要求。这些法律法规的存在，不仅为法律信息的公开提供了制度保障，也为公众监督政府信息公开提供了法律依据。在法律信息公开的过程中，法律的保障作用体现在对信息发布的准确性、及时性和全面性的严格要求上，从而确保法律信息的公开能够真正实现其预期的功能。这种法律保障的存在，既是对政府信息公开行为的规范，也是对公众获取法律信息权利的保护。

（二）法律知识传播

通过多样化的传播形式，法律知识得以广泛而有效地传达给不同的受众群体。法律知识传播形式包括图文、视频和音频等多媒体手段，能够满足不同受众的学习需求和偏好。图文传播直观且易于理解，适合快速普及基础法律知识；视频传播通过生动的画面和声音，增强了信息的吸引力和记忆度；音频传播便于受众在日常生活中随时随地获取法律信息。多样化传播形式的结合，使得法律知识的传播更加立体和全面，为提升公众的法律素养提供了有力支持。

法律知识传播的定制化策略是提升其有效性的重要途径。根据特定受众群体的法律需求，设计专门的教育和宣传活动，可以显著提高法律知识传播的针对性。例如，对于青少年群体，可以通过举办校园法律讲座和模拟法庭活动，增强其法律意识和法律思维能力；对于企业员工，则可以通过法律培训和合规管理课程，提高其法律风险防范意识和能力。这样的定制化策略不仅提高了法律知识的传播效率，还增强了受众的学习兴趣和参与度，促进了其对法律知识的深入理解和应用。

互动性是法律知识传播的重要特征之一。通过问答、讨论和反馈机制，法治传播活动能够增强公众的参与感，提升其对法律信息的理解和接受度。例如，问答环节可以帮助受众及时解决法律疑惑，加深对法律条款的理解；讨论环节则鼓励受众分享观点和经验，促进法律知识的交流和碰撞；反馈机制则为传播者提供了改进传播内容和方式的依据。这种互动性不仅提高了法治传播的效果，还促进了公众与法律之间的良性互动，推动了法治文化的建设。

社区参与是法律知识传播重要的实践模式之一。通过鼓励地方组织与社区活动相结合，法律知识得以在基层广泛传播与普及。通过社区法律讲座、法律咨询服务和法律宣传活动等形式，能够有效促进法律知识在社区中的传播，增强公众的法律意识。这种社区参与模式不仅有助于提升基层公众的法律素养，还能增强社区凝聚力，推动法治社会的建设。通过发挥社区的力量，法律知识传播能够更深入地影响公众的法律观念和行为，促进社会的和谐与稳定。

二、监督促进功能

(一) 社会监督机制

社会监督机制可以理解为公众通过各种形式参与对法律信息的监督与反馈，以确保法律信息的传播符合公正、透明的原则。公众在这一过程中不仅是信息的接收者，还是监督者，通过公众的参与，法律信息的传播可以更具公信力。这一机制的重要性在于，它能够激发公众对法律事务的关注与参与，形成一种良性的互动关系，使法治传播不再是信息的单向传递，而是一种双向的交流与监督。

为了充分发挥社会监督机制的作用，建立有效的社会监督平台至关重要。这些平台可以是线上或线下的，旨在为公民提供便捷的反馈和举报渠道。公民可以通过反馈和举报渠道，合理质疑法律信息的准确性和公正性，从而促使法治传播更加透明和可信。例如，政府可以设立专门的法律信息监督网站，鼓励公众对法律信息的真实性进行核查和反馈。同时，还应当健全举报机制，以便公民在发现法律信息传播中的问题时，能够及时进行举报。这种机制不仅可以提升法治传播的可信度，还能够增强公众对法律信息的参与感和责任感。

社区作为社会的基本单元，在推动法律信息的监督与传播中具有独特的优势。通过地方组织和社区活动，公众可以更直接地参与到法律信息的监督中。社区监督不仅可以增强公众对法律信息的监督意识，还可以通过社区活动的形式，提升公众的参与感。例如，社区可以通过定期举办法律知识讲座、法律信息公开讨论会等活动，来鼓励居民积极参与法律信息的监督与讨论。这种做法不仅能够增强社区成员对法律信息的关注，还能够促进社区内部的法治建设，营造一种积极的法律文化氛围。

在法治传播过程中，法律专业人士和机构的社会责任不可忽视。他们不仅是法律信息的传播者，还是法律公正性的维护者。因此，鼓励法律专业人士和机构主动接受公众监督，是提升法律服务质量与公正性的有效途径。法律专业人士应当在法治传播中保持高度的职业道德，主动接受公众的监督与反馈，以确保其提供的法律信息的准确性与公正性。同时，法律机构也应当建立健全的监督机制，接受社会各界的监督与评估。这种主动接受监督的态度，不仅能够提升法律服务的质量与公正性，还能够确保法治传播的有效性，进而推动整个社会的法治建设。

（二）法律执行监督

通过法律执行监督，国家能够有效地监控法律执行的全过程，防止权力滥用和腐败现象的滋生。这一监督机制不仅有助于提高法律执行的效率和质量，还能增强公众对法律的信任与支持。法律执行监督的有效性直接关系到法治的实现程度，因此在法治传播中占据核心地位。

法律执行监督的机制构建是确保法律执行透明和公正的关键。首先，建立独立的监督机构是必要的，这些机构应具有法律授权和独立性，以确保其监督活动不受外界的干扰。其次，反馈机制的建设是机制构建的重要组成部分。通过建立便捷的反馈机制，公众可以及时表达对法律执行的意见和建议，这不仅提高了法律执行的透明度，也增强了公众对法律的信任。此外，监督机构还应定期发布监督报告，向社会公开法律执行的情况和监督结果，以此来提高法律执行的公信力和透明度。

公众参与在法律执行监督中起着重要作用。公众参与监督，将使法律执行过程变得更加透明和开放。举报和反馈机制的建立，为公众提供了参与监督的渠道，使其能够对法律执行的各个方面进行监督和反馈。这不仅有助于发现法律执行中的问题和不足，还能促使执法机构及时改进和完善工作。此外，公众参与也提升了法律实施的社会责任感，使法律执行不仅仅是政府的职责，更是全社会共同维护的目标。通过公众的积极参与，法律的权威性和公信力得到进一步增强。

信息公开是法律执行监督的重要环节。确保法律执行相关信息的及时公开，不仅是对公众知情权的尊重，也是提升法律执行透明度的重要手段。通过信息公开，公众可以及时了解法律执行的进展和结果，从而对法律执行的公平性和公正性进行监督。这一过程不仅增强了法律的权威性，也提高了公众对法律的信任和支持。此外，信息公开还促进了法律执行的自我改进，使执法机构在公众的监督下不断优化工作流程，提高法律执行的效率和效果。

建立科学的评估体系是法律执行监督的重要组成部分。通过制定明确的评估标准和指标，可以对法律执行的效果进行客观的评价。这一评估体系不仅有助于执法机构发现法律执行中的问题和不足，还能为改进和优化法律执行提供依据。定期的评估活动可以促使执法机构在法律执行过程中不断反思和改进工作方法，提高法律执行的质量和效率。此外，评估结果的公开也有助于增强法律执行的透明度和公信力，使公众对法律的信任度进一步提升。通过科学的评估体系，法律执行的监督功能得以充分发挥。

三、文化塑造功能

（一）法治文化建设

法治文化建设的核心在于营造一个尊重法治的社会环境。法治文化不是法律条文的简单传播，而是通过文化的力量将法治精神内化为社会成员的自觉意识。通过法治文化的建设，能够在社会中形成一种普遍的法治信仰，推动法治观念深入人心。法治文化建设需要从多个层面入手，包括教育系统的法治课程设置、公共媒体的法治宣传以及政府部门的法治实践展示等，以此来构建一个全方位、多层次的法治文化体系。

法治文化的社会主义核心价值观培育是法治传播的关键任务之一。法治、公正、平等和诚信等基本理念不仅是法律制度的基础，也是法治文化的灵魂所在。通过培育和践行法治理念，可以有效增强社会成员对法治的认同感和归属感，形成一种自觉遵守法律、尊重法治的社会氛围。这需要通过教育、宣传和实践等多种方式，使这些理念不再停留在口号上，而是体现在人们的日常行为中，从而真正实现法治文化的内化。

社区是法治文化建设的重要阵地，通过社区参与机制，可以有效地推动法治文化的落地生根。通过开展法律知识讲座、普法活动和法律咨询服务等形式多样的社区活动，能够提高公众的法律意识和法治素养。同时，这些活动也为公众提供了参与法治文化建设的渠道，使他们在参与中加深对法治的理解和认同。这种自下而上的法治文化传播方式，不仅能够增强社区的凝聚力，也能为法治文化的广泛传播奠定坚实的基础。

在信息技术飞速发展的今天，法治文化的传播媒介呈现出多样化的趋势。新媒体、传统媒体和社交平台等多种渠道的综合运用，能够确保法治文化覆盖更广泛的群体，提高传播效果。新媒体以其互动性和即时性，为法治文化传播提供了新的可能；传统媒体凭借其权威性和广泛覆盖，继续发挥着重要作用；社交平台则通过社群效应，增强了法治文化传播的参与性和影响力。通过多样化媒介的协同作用，可以实现法治文化的广泛传播和深度影响。

建立法治文化的评价体系，是确保法治文化传播效果的重要保障。通过定期评估法治文化传播的效果，可以及时发现传播过程中的不足之处，并加以改进。公众反馈和建议是优化传播策略和内容的重要依据，通过收集和分析这些信息，可以更好地了解公众的需求和期望，从而调整传播方向和重点。这样的评价体系不仅能够提升法治文化传播的质量和效率，也为法治文化建设的持续改进提供了科学依据。

（二）法律价值观念传播

法律价值观念的传播，旨在通过多种方式让公众理解并接受法治、公正、平等和诚信等核心法治理念。这种传播不仅限于理论层面的讨论，还包括实际操作层面的指导，使法律价值观念成为人们日常生活的一部分。通过法律价值观念的传播，法律不再是遥不可及的条文，而是社会成员共同遵守和信仰的准则。

法律价值观念的基本内涵是法治、公正、平等和诚信等核心理念的集中体现。这些理念不仅构成了法律体系的基石，也反映了一个社会的道德标准和价值取向。法治强调法律的至上性和普遍适用性，公正要求法律的公平执行和平等对待，平等倡导无差别的法律保护，诚信则是法律关系中信任和可靠的基础。通过深入阐释上述核心理念，法治传播能够增强公众对法律的认同感和信仰，从而推动社会的和谐与稳定。

法律价值观念的传播需要多样化的形式来适应不同受众的需求和偏好。讲座和研讨会提供了面对面交流和互动的机会，使参与者能够深入探讨法律问题并提出疑问。在线课程则利用数字技术的优势，打破了时间和空间的限制，使更多人能够接触到法律知识。通过多样化的传播形式，不仅提高了公众对法律价值的理解和接受程度，还促进了法律知识的普及和法治文化的形成。

法律价值观念与社会现实的结合是法治传播的重要任务之一。在现实社会中，法律不仅是规范行为的工具，还是维护社会公正和促进公平正义的重要手段。通过将法律价值观念与社会现实紧密结合，能够帮助公众正确认识法律在解决社会问题、维护公共利益方面的作用，从而增强公众对法律的信任感。公众对法律的信任感是法治社会得以稳定发展的基础。

在社区层面传播法律价值观念，是实现法治文化深入人心的重要途径。社区活动和法律服务为居民提供了接触法律、理解法律的机会，使法律不再是抽象的概念，而是具体可感的实践。通过社区法律讲座、法律咨询服务和法律援助项目等形式，法律价值观念得以在基层普及和实践。这不仅提升了社区居民的法律意识和法治素养，也为法治文化的建立和巩固奠定了坚实的基础。

四、社会稳定功能

（一）矛盾纠纷化解

通过开展法律宣传与教育活动，可以提高公众对法律纠纷解决机制的认识，增强其合法权益保护意识。法律教育不仅仅是法律知识的传授，更是法律价值观念的塑造。通过开展普法活动，公众能够更好地理解法律的意义和作用，从而在面临纠纷时，选择合法合理的途径进行解决。这种法律意识的提升，有助于减少因误解或无知导致的冲突，为社会的稳定奠定坚实的基础。

为了满足不同类型矛盾纠纷的处理需求，建立多元化的纠纷解决机制是必不可少的。纠纷解决机制包括调解、仲裁和诉讼等多种方式。调解作为一种非对抗性的解决方式，能够在不破坏当事人关系的前提下，快速有效地解决矛盾。仲裁则为当事人提供了一个相对中立的解决平台，适用于一些较为复杂的商业纠纷。而诉讼作为最后的解决手段，确保了法律的权威性和公正性。通过建立多元化的纠纷解决机制，公众可以根据自身情况选择最适合的方式，从而提高纠纷解决的效率，降低社会冲突的发生率。

社区法律服务中心的发展是促进矛盾纠纷及时化解的重要举措。随着城市化进程的加快，社区成为居民生活的重要场所，社区内的矛盾纠纷也日益增多。通过推动社区法律服务中心的发展，居民可以在遇到法律问题时，获得便捷的法律咨询与帮助。社区法律服务中心不仅可以提供法律咨询服务，还可以协助居民进行调解，甚至在必要时可以提供法律援助。通过这种方式，社区内的矛盾纠纷能够得到及时有效的解决，从而维护社区的和谐与稳定。

加强法律工作者与社区组织的合作，是法治传播在矛盾纠纷化解中发挥作用的重要方面。法律工作者可以通过开展定期的法律知识普及活动，增强居民的法律意识与自我保护能力。这些活动不仅可以帮助居民了解法律知识，还能提高他们在面对纠纷时的应对能力。社区组织则可以发挥其在居民中的影响力，协助法律工作者开展普法活动，并在矛盾纠纷发生时，充当调解员的角色。通过合作，法律工作者与社区组织能够形成合力，共同维护社会的稳定与和谐。

（二）社会秩序维护

法律宣传活动是法治传播的重要形式之一。通过开展多样化的宣传活动，公众对法律法规的理解得到深化。这些活动不仅涵盖对法律条款的解读，还包括对法律案例的分析，使得法律知识的传播更具实用性和针对性。随着法律遵循意识的提升，公众在面临法律问题时能够更自觉地遵守法律，从而减少违法行为的发生。法律宣传活动不仅仅是法律知识的传递，更是法治文化的熏陶，使得法律成为社会成员内化的行为规范，促进社会的和谐与稳定。

建立完善的法律服务机制，是维护社会秩序的重要保障。通过提供便捷的法律咨询和援助，公众在遇到法律问题时能够及时获得专业支持。这不仅有助于解决个体的法律困境，也在宏观层面上维护了社会的整体秩序。法律服务机制的健全，使得法律不再是高高在上的权威，而是触手可及的资源。公众在法律服务中的积极参与，不仅提升了个体的法律素养，也促进了社会整体的法治建设，成为维护社会稳定的重要力量。

推动社区法律文化建设，是法治传播的重要实践。通过普法活动和法律教育，社区居民的法治观念得到有效提升。法律文化建设不仅仅是法律知识的普及，更是法律价值观念的传播。通过社区内的法律教育活动，居民间的自律与互助得到增强，形成了良好的社会风气。这种基于法律的社区文化，使得居民在日常生活中更自觉地遵守法律，维护社会秩序。社区法律文化建设，不仅增强了个体的法治意识，还为社会的长治久安提供了坚实的基础。

第二章　法治传播的逻辑理路

第一节　法治传播的逻辑起点

一、法律意识的觉醒

（一）个人权利意识

个人权利意识的基本构成包括对自身权利的认知和理解，这意味着个体需要明确自身在法律框架下享有的权利，并能够正确理解这些权利的内涵和边界。这种认知和理解的过程是复杂且多层次的，涉及法律知识的普及和个体经验的积累。个体权利意识的形成和发展是一个动态的过程，需要通过教育、宣传以及法律实践的参与来不断深化。

个人权利意识不仅体现在个体对自身权利的认知上，还体现在社会互动中。在日常生活中，个体通过权利主张来表达和维护自身的合法权益。比如，在工作、消费、教育等场合，个体会根据法律赋予的权利进行合理的主张和维权。这种权利意识的表达不仅是个体自我保护的体现，还是法治社会中公民参与的表现形式之一。通过这种互动，个体不仅维护了自身的利益，也推动了法律制度的完善和社会的进步。

个人权利意识与法律制度之间存在着密切的关系，它不仅影响法律的执行和遵守，还在很大程度上决定了法律制度的实际效果。法律制度的设计和实施应以公民的权利意识为基础，因为只有当个体意识到自身的权利并愿意积极主张时，法律才能真正发挥其应有的作用。反之，若公民缺乏权利意识，法律制度再完善也难以有效实施。因此，提升公民的权利意识对于法律制度的有效运行具有重要意义。

个人权利意识的提升对社会公平正义的促进作用不容忽视。一个权利意识强烈的社会，必然是一个更加公平和公正的社会。在这样的社会中，个体不再是法律制度的被动接受者，而是积极的参与者和推动者。通过对自身权利的主张和维护，个体不仅实现了自我价值，也推动了社会的进步和发展。因此，个人权利意识的提升是实现社会公平正义的重要途径之一，也是法治传播的重要目标。只有不断增强公民的权利意识，社会才能朝着更加公平、正义的方向发展。

（二）社会责任感

社会责任感包括对社会、他人及环境的责任认知，这种认知促使个体在行为选择中考虑公共利益和长远影响。在法治社会中，社会责任感的培养有助于增强公民的法律意识，使法律不仅仅是一种外在的强制力量，更是公民内心的自觉行为准则。

在法律意识传播过程中，社会责任感发挥着不可替代的重要作用。它能够有效促进法律的遵守与执行，使法律不依赖于外部的强制力，而是通过内在的道德认同和责任感来实现。社会责任感使个体在面对法律时，不是被动地接受法律的约束，而是主动地参与到法治建设中，成为法律的支持者和传播者。通过增强社会责任感，能够推动法律意识在社会中更为广泛和深入地传播，从而促进法治的实现。

社会责任感的培养途径多种多样，其中教育、社区活动及社会参与是重要的渠道。教育是社会责任感培养的基石，通过系统的法律教育和道德教育，能够使个体在认知上对社会责任有更为清晰和深刻的理解。社区活动则提供了实践责任感的场所，通过参与社区服务和公益活动，个体能够在实践中体会到社会责任的意义和价值。社会参与则是提升社会责任感的高级阶段，通过参与公共事务和社会治理，个体能够更深刻地理解社会责任与个人发展之间的关系。

社会责任感与法治文化建设之间存在着密切的关系。社会责任感的增强能够有效推动社会公平与正义的实现，使法治文化不再停留在法律文本和制度层面，而是深入社会的各个层面，成为社会文化的一部分。通过培养社会责任感，能够促使个体在日常生活中自觉维护法律的尊严和权威，从而推动法治文化的建设和发展。在这一过程中，社会责任感不仅仅是法律意识传播的一个环节，更是法治文化建设的重要支撑力量。

二、对法治价值的认知

（一）法治理念的普及

法治理念的普及意味着每个公民都应具备基本的法律意识和法律素养。这不仅有助于提高公民的法律素养，还能增强其对社会责任的认知。法治理念的普及需要从教育入手，通过学校教育、社会教育等多种途径，让法治观念深入人心。教育体系在这一过程中扮演着至关重要的角色，通过课程设置、教材内容以及教师的引导，帮助学生树立正确的法治观念。

法治理念的基本原则是法治社会的基石，它包括法律面前人人平等、法律的公正性与透明性等社会主义核心价值观。这些原则不仅是法律制度设计的指引，也是在法律实施过程中必须坚守的底线。法律面前人人平等意味着无论身份、地位如何，所有人都应在法律面前享有同等的权利和义务。法律的公正性要求法律的制定和实施必须体现公平正义，透明性则要求法律程序公开，确保公众对法律过程的知情权和监督权。这些原则的贯彻与实施不仅是对法治理念的尊重，更是对社会公平正义的保障。

法治理念在社会生活中具体体现在法律对社会秩序的维护及对个人权利的保护上。法律是维护社会秩序的重要工具，通过法律的约束，社会成员的行为得以规范，社会秩序得以维持。同时，法律也是保护个人权利的最后一道防线，通过法律的实施，个人的基本权利和自由得以保障。在这一过程中，法治理念不仅仅体现在法律文本中，更体现在法律的实际运用中，通过具体的法律实践，法治理念得以真正落实。

法治理念的传播方式多种多样，包括教育体系、媒体宣传及社区活动等。教育体系是法治理念传播的基础，通过正规教育和职业培训，系统地传授法律知识和法治观念。媒体宣传则通过大众传媒的力量，将法治理念广泛传播到社会的各个领域。社区活动则通过基层组织和社区活动，将法治理念融入日常生活，使其成为社区文化的一部分。法治理念传播渠道的多样性和广泛性，为法治理念的普及提供了有力保障。

法治理念对社会行为规范的影响深远，它不仅促使公民自觉遵守法律，还鼓励公民积极参与法治建设。法治理念通过影响个体的行为模式，进而影响整个社会的行为规范。公民在法治理念的指引下，不仅能够自觉遵守法律，还能积极参与到法治建设中，通过各种形式的参与，推动法治社会的发展。法治理念的这种影响力，是社会进步的重要动力，也是法治社会得以持续发展的基础。通过法治理念的传播和普及，社会成员的法律意识和法治观念不断增强，为法治社会的建设奠定了坚实的基础。

（二）法治教育的重要性

通过法治教育，人们能够理解法律的基本概念和原则，从而增强法律遵守的自觉性。其教育形式不仅限于学校课堂，还包括社区活动、公共宣传等多种渠道。这种多层次的教育形式有助于形成全民法律意识，提高社会整体的法治水平。法治教育的核心在于培养公民对法律的敬畏和遵守意识，使得法律不仅是纸面上的条文，还融入每个人的日常生活中，成为社会运作的基石。

法治教育在培养公民法律意识中的作用尤为显著。通过系统的法治教育，公民能够更好地理解法律的基本概念和原则，进而在日常生活中自觉遵守法律。法治教育不是法律知识的简单灌输，而是对思维方式的培养，使公民能够在遇到法律问题时，具备独立思考和判断的能力。这种能力的培养需要长期的教育投入和社会环境的支持，只有这样，才能实现法治社会的长远目标。通过法治教育，公民能够更好地理解自身的权利与义务，促进社会的和谐与稳定。

法治教育在促进公民社会责任感的形成方面起着关键作用。通过法治教育，公民能够意识到自身在法律框架下的责任与义务，这种意识的形成对于推动社会的和谐发展至关重要。法治教育不仅仅是对法律条文的学习，更是对法律精神的理解。通过法治教育，公民能够更好地认识到自己在社会中的角色和责任，进而推动社会的进步与发展。法治教育强调公民的参与和责任，这种教育理念的推广，有助于建立一个更加公正和有序的社会。

法治教育通过多样化的教学方式，如课堂教学、模拟法庭等，提高公民的法律素养，使其能够有效应对法律问题。现代法治教育强调实践的重要性，通过开展模拟法庭等实践活动，学生能够在真实的情境中运用所学的法律知识，增强其法律思维能力。这种教育方式不仅提高了学生的法律素养，也激发了他们对法律的兴趣，使其在未来能够更加积极地参与到法治社会的建设中。通过多样化的教学方式，法治教育能够更好地适应不同年龄段、不同背景的公民需求。

法治教育在青少年中的重要性不容忽视。通过早期教育建立法律意识，能够为未来的法治社会奠定坚实的基础。青少年时期是法律意识形成的关键阶段，通过系统的法治教育，青少年能够更好地理解法律的重要性，树立正确的法律观念。这种早期教育不仅有助于青少年自身的发展，也为整个社会的法治建设提供了源源不断的人才支持。通过在学校中开展丰富多彩的法治教育活动，青少年能够在潜移默化中接受法治理念，为他们未来成为合格的公民作好准备。

三、社会秩序的需求

（一）稳定社会结构

稳定的社会结构有助于增强公民的法律意识，使其在遵守法律的过程中感受到安全感与归属感。这种安全感来源于对社会规则的信任和对法律制度的信赖，使得公民在日常生活中能够自觉地遵守法律规定，从而形成良好的社会秩序。良好的社会秩序不仅是社会和谐的基础，更是法治传播得以有效进行的前提条件。

稳定的社会结构能够有效减少社会冲突和矛盾，促进法律的顺畅执行与公正裁决。在一个稳定的社会中，法律的执行和裁决过程较少受到外部的干扰，能够更加公正、透明地进行。这种环境有助于提高法律的权威性和公信力，使得公民在面对法律问题时，能够更加信赖法律的解决机制，从而推动法治文化的深入传播。

稳定的社会结构为法治传播提供了良好的环境，使法律理念能够在更广泛的层面上得到认同和接受。这种认同和接受不仅体现在对法律条文的理解上，更体现在对法律精神的内化上，进而推动法治文化的形成与发展。一个稳定的社会通常拥有较高的教育水平和信息传播能力，能够更好地理解和接受法律理念。

稳定的社会结构通过建立信任机制，能够促进公民与法律间的互动，丰富和拓展法治文化的内涵与外延。信任机制的建立需要长期的法律实践和社会互动来实现，而稳定的社会环境为这种互动的实现提供了必要的条件。在信任机制的作用下，公民与法律间的关系更加紧密，使得法治文化得以不断深化与扩展。法治文化的深化不仅体现在法律知识的普及上，更体现在公民法律素养的提升上，从而为法治传播奠定坚实的基础。

（二）规范行为准则

行为准则的制定需要与现行法律体系紧密衔接，以确保社会成员的行为符合法律要求。这种衔接不仅有助于增强公民的法律遵守意识，也为社会的稳定与和谐提供了法律保障。通过明确的行为准则，个体在社会交往中有了清晰的行为参考，减少了因法律认知不足产生的误解与冲突，从而维护了社会的基本秩序。

行为规范的制定与法律的有效衔接，是提升社会法治水平的重要途径。通过细化和明确化法律条文，行为规范可以更直接地指导公民的日常行为，使其更容易理解和遵循法律要求。这不仅增强了法律的可操作性，也提高了公民的法律遵从度。通过将法律与行为规范相结合，社会成员在日常生活中能够更好地理解法律的意义，从而自觉地将法律要求内化为自我行为的标准。这种内化过程是提升社会整体法律意识的基础，也是实现法治社会的重要步骤。

社会公约和社区规范的建立，是促进居民间相互理解与尊重的重要手段。通过制定符合社区成员实际需求的行为规范，可以有效地减少因文化、习俗和观念差异引发的矛盾与冲突。行为规范的建立不仅促进了社区内部的和谐与团结，也优化了社会整体的法治环境。在此过程中，社区成员通过共同参与规范的制定和实施，增强了对法律和行为准则的认同感，从而在潜移默化中提升了法治意识和法律素养。

行为准则的宣传与教育是普及法律知识的重要途径。通过利用多种媒介向公众普及法律知识，可以有效提高公民对法律规范的认知与接受度。通过电视、广播、网络等媒介的广泛传播，使得法律知识深入人心，公众对法律的理解和认同也不断增强。这种宣传与教育活动不仅提升了公民的法律素养，也为法治社会的建设提供了坚实的基础。通过开展持续的法律宣传和教育活动，公民在面对法律问题时能够更加理性和自信地处理，从而推动社会的法治进程。

建立反馈机制是促进法律与社会行为动态调整与优化的重要手段。通过鼓励公民对法律实施和行为规范提出意见与建议，可以及时发现法律与实际操作之间的差距和问题。这种反馈机制不仅有助于法律的不断完善，也促进了法律与社会行为的良性互动。通过公众的积极参与，法律的制定和实施过程变得更加透明和民主，公民对法律的认同感和信任度也随之提升。这种互动机制为法治社会的建设提供了动力和保障，推动了社会的持续进步与发展。

四、权利保障的诉求

（一）公民权利保护

宪法作为国家根本法，明确了公民的基本权利和义务，为其他法律法规提供了基础和指导。法律法规进一步细化了宪法中的权利条款，通过具体的条文规定，确保公民在各个领域的权利得到有效保障。例如，《中华人民共和国劳动法》《中华人民共和国消费者权益保护法》等专门法律，明确了公民在特定领域的权利和义务，形成了一个全面的法律框架。此外，相关政策也在一定程度上对公民权利进行了补充和保障，通过政策导向和措施的实施，增强了法律的实际效力。

公民权利保护的实施机制是确保法律框架能够有效运作的关键。司法救济作为最直接的途径，为公民提供了通过法律程序解决权利争议的渠道。法院的独立性和公正性在此过程中起着至关重要的作用，确保每一个案件都能得到公平的审理。行政复议作为一种行政纠错机制，为公民提供了在行政行为侵害其权利时的救济途径。此外，社会监督也是权利保护的重要组成部分，通过媒体、非政府组织等多种监督形式，能够及时发现和纠正权利侵害行为，保障公民的合法权益。

公民权利保护的社会参与强调了公众在维护自身及他人权利中的积极作用。集体行动是公民表达诉求、维护权利的重要方式，通过组织和参与集体活动，公民可以有效地影响公共政策和法律的制定与实施。舆论监督则通过媒体和公众的关注，形成对权力的制约和监督，促使政府和相关机构更加透明和负责。社会参与不仅是实现权利保护的重要途径，也是推动法治进步和民主发展的重要力量。

公民权利保护的意识提升在于法律宣传与教育的作用。通过广泛的法律宣传，公众可以更好地了解自身的权利和义务，提升权利意识。在此基础上，法律教育的深入开展，尤其是在学校和社区中的普法教育，能够有效地鼓励公众积极主张权利，参与法治建设。通过提升公众的法律素养和权利意识，法治文化得以传播与发展，为实现全面依法治国提供了坚实的社会基础。

（二）法律救济途径

法律救济的途径主要包括民事诉讼、行政诉讼和刑事诉讼等。民事诉讼为个人或组织在私人纠纷中提供解决方案，行政诉讼则允许公民对政府行为提起诉讼，而刑事诉讼是国家对违法行为进行追责的重要工具。这些途径的存在和发展，确保了公民在面对不同类型的权利侵害时，能够通过法律手段获得救济和保护。

法律救济的程序性要求是保障其合法性与公正性的关键。程序正义是法治的基础之一，只有在程序合法的前提下，救济结果才能被社会广泛接受。法律程序的明确性和透明性不仅帮助公民理解和遵循法律规定，也增强了公众对司法系统的信任。每个公民在追求救济时，都有权在一个公平、公正的环境中进行申诉和辩护，确保其权利能够得到有效的维护。程序性要求的严格遵循，是实现法律救济公正性的前提条件。

法律救济的时效性同样不容忽视。在法治社会中，时效制度是确保权利主张有效性的重要机制。及时提出救济申请，不仅有助于迅速解决纠纷，也避免了因时间推移导致的证据灭失或事实模糊。法定时限的设定，旨在促使权利人积极行使权利，避免因拖延导致权利的丧失。理解和遵循法律救济的时效性要求，是每个公民在维护自身权利时需要具备的基本法律意识。

法律救济的多元化发展为公民提供了更多的选择。在传统的诉讼途径之外，调解、仲裁等非诉讼方式为当事人提供了更加灵活和便捷的纠纷解决途径。调解强调双方的协商与和解，仲裁则提供了一个相对中立的第三方裁决机制。这种非诉讼方式不仅能够减轻司法系统的压力，还能在一定程度上满足当事人对纠纷解决的个性化需求。多元化的救济途径，为公民在不同情境下实现权利保护提供了更为广阔的空间。

第二节　法治传播的逻辑主线

一、信息的传递与解读

（一）信息渠道分析

在法治传播的过程中，信息传播的多样化渠道是现代法治传播的重要特征。传统媒体，如报纸和电视，依然在法治传播中扮演着重要角色。然而，新兴媒体的崛起，尤其是社交网络和博客，为法治信息的传播提供了更加广泛和灵活的平台。传统媒体与新兴媒体的结合不仅扩大了法治信息的覆盖面，还使得信息传播更加迅速。通过多样化的信息渠道，法治信息可以更有效地渗透到社会的各个领域，促进法律意识的普及和提升。

信息传播的目标受众分析是法治传播策略制定中的关键步骤。不同的受众群体对法治信息的需求和接受程度各不相同，因此，针对不同群体制定相应的法治宣传策略是必要的。例如，青少年可能倾向于通过社交媒体获取信息，而职场人士可能更关注与工作相关的法律知识，老年人则可能更依赖于通过传统媒体获取信息。因此，了解和分析目标受众的特点和需求，有助于制定更具针对性和有效性的传播策略，从而提高法律意识和法治观念在不同群体中的普及程度。

信息解读的受众反馈机制是优化法治传播内容与形式的重要手段。通过调查、问卷等方式收集公众对法治信息的理解与接受度，可以帮助传播者了解信息传播的效果以及存在的问题。受众反馈机制不仅有助于识别信息传播中的障碍，还可以为调整传播策略提供数据支持。通过不断优化传播内容与形式，可以提高信息的准确性和受众的接受度，进而增强法治传播的效果。

信息传播的互动性是提升法治传播效果的重要因素。在线平台和社交媒体为公众参与法治讨论提供了便利条件。通过这些平台，公众可以就法律问题进行交流和讨论，分享个人观点和经验。信息传播的互动性不仅有助于增强法律知识的传播效果，还可以提高社会对法治的认同感。通过鼓励公众参与法治讨论，可以促进法律知识的传播和普及，增强公众的法律意识和法治观念。

（二）信息解读方法

通过有效的信息解读，能够将法律信息更精准地传达给受众，并被正确理解。信息解读不仅是对文字的理解，还涉及对信息背景、语境以及隐含意义的深刻把握。在法治传播中，信息解读需要兼顾专业性与普适性，确保法律信息在保持准确性的同时，能够为公众所理解和接受。这就要求传播者具备良好的法律素养和信息处理能力，能够在复杂的信息中提炼出核心要义，并以简洁明了的方式呈现给受众。

受众心理分析是信息解读方法的重要组成部分。通过心理学原理的应用，可以深入探讨不同受众对法律信息的接受度和反应。受众的文化背景、教育程度、价值观念等都会影响他们对法律信息的理解和态度。因此，法治传播需要进行受众心理分析，以制定有针对性的解读策略。例如，对于法律意识较为薄弱的群体，传播者可以采用更加通俗易懂的语言和实例进行解读，以提高信息的可接受性和传播效果。通过这种方式，不仅能够提高公众的法律素养，还能增强法律实施的社会基础。

多元视角的解读方法在法治传播中同样不可或缺。结合社会学、文化学等领域，能够为法律信息的解读提供更为丰富和多样的方式。法律信息不仅是法律条文的简单传递，还涉及法律在社会中的应用和影响。因此，从多元视角进行解读能够帮助受众更全面地理解法律信息的社会意义和文化背景。例如，从社会学视角可以分析法律与社会结构的关系，从文化学视角则可以探讨法律与文化传统的互动。通过多元视角的解读，不仅丰富了法治传播的内容，也提升了信息解读的深度和广度。

反馈与调整机制是信息解读方法中不可忽视的一环。建立持续的反馈系统，有助于传播者了解公众对法律信息的解读效果，从而不断优化传播策略和内容。反馈机制的建立需要有系统的设计和实施，既包括定量的数据收集，也包括定性的意见征集。通过对反馈信息进行分析，传播者可以识别出信息解读中的不足之处，并进行有针对性的调整。这种动态调整的机制，不仅提高了法治传播的效率和效果，也增强了法律信息的适应性和生命力，有助于实现更为理想的传播目标。

二、知识的普及与深化

（一）教育手段创新

通过创新教学方法，如翻转课堂和项目式学习，教育者能够大幅提升学生对法律知识的参与度和兴趣。翻转课堂将传统的教学模式颠覆，学生在课前通过视频或其他数字资源自学基础知识，课堂上则通过互动讨论和实践活动深化理解。这种方法不仅提高了学生的自主学习能力，还使得课堂时间得到更有效的利用。项目式学习则让学生在真实情境中应用法律知识，培养其解决问题的能力和团队协作精神。这种以学生为中心的教学方法，能够激发学生的学习动力，使其在探究中获得更深刻的法律知识。

数字化工具和在线平台的利用为法治教育提供了更加灵活和可及的学习方式。通过网络课程、虚拟课堂和在线讨论论坛，学生可以在任何时间、任何地点获取法律知识。这种灵活性不仅满足了现代学生的学习需求，也扩大了法治教育的覆盖面，使更多人能够接触到优质的法律教育资源。互动式课程设计，如在线测验和模拟情境练习，能够实时反馈学生的学习效果，帮助他们及时调整学习策略。这种即时互动和反馈机制，极大地增强了学生学习的有效性，使学生能够在学习过程中不断反思和提升。

在法治传播中，整合跨学科资源是促进学生对法律的全面理解的重要手段。法律不仅是一门独立的学科，它还与社会科学、伦理学等领域有着密切的联系。通过将法律知识与这些领域的知识相结合，学生能够更全面地理解法律在社会中的作用及其伦理基础。这种跨学科的学习方式，能够帮助学生形成综合性的思维能力，使其在面对复杂的法律问题时，能够从多个角度进行分析和解决。跨学科资源的整合，不仅拓宽了学生的知识面，也培养了其批判性思维和创新能力。

模拟法庭和法律辩论活动是培养学生法律思维和实践能力的有效方式。在模拟法庭中，学生通过扮演不同的法律角色，亲身体验法律程序的各个环节，不仅可以深入了解法律的运作机制，还提高了其语言表达能力和逻辑思维能力。法律辩论则通过对具体法律问题的辩论，培养学生的分析能力和说服力。这些活动的开展，不仅增强了学生的法律实践能力，也使其在解决法律问题时更加自信和从容。通过这些创新的教育手段，法治传播能够更有效地实现其知识普及与深化的目标。

（二）知识传播策略

通过视频、动画和互动应用等多媒体形式，可以将复杂的法律概念以更生动和易于理解的方式呈现给受众。这些技术手段不仅能够提升学习体验，还能增强记忆效果，使法律知识更加深入人心。此外，多媒体技术的应用还能够打破传统传播方式的局限，使法律知识的传播更加广泛和高效。

在法治传播中，社区法治宣传活动是不可或缺的一环。结合地方特色和居民需求，通过讲座、咨询和法律服务等形式，可以将法律知识以更贴近生活的方式传递给社区居民。这样的活动不仅提高了法律知识的普及性，也增强了其实用性，使得法律知识不再是书本上的理论，而是能够在实际生活中得到应用的工具。这种接地气的传播方式能够有效地拉近法律与公众之间的距离，提升公众的法律意识和法律素养。

建立法律知识分享平台是推动法律知识传播的重要策略。通过鼓励法律专业人士和普通公民分享法律经验和知识，可以形成良好的法律学习氛围。法律知识分享平台不仅是知识的集散地，也是经验的交流中心。法律专业人士可以在该平台上分享实践经验和专业见解，普通公民则可以通过平台获取所需的法律知识和帮助。这种双向互动的模式，不仅促进了法律知识的传播，也提升了公众的法律素养和参与度。

针对特定群体设计法律知识普及项目，是确保法律知识传播的针对性和有效性的关键。青少年法治教育和职场法律培训是其中的典型代表。青少年是国家的未来，通过法治教育，可以培养他们的法律意识和法治观念，为他们今后的成长奠定良好的法律基础。而职场法律培训能够帮助职场人士了解与工作相关的法律知识，提高他们的法律风险防范能力。这些针对性项目的实施，能够有效提升法律知识的传播效果，确保不同群体都能获得所需的法律知识和帮助。

三、理念的塑造与强化

（一）价值观传播

在法治传播的过程中，法治的基本理念如公正、平等与透明性，构成了社会法治体系的核心，这些基本理念的明确与传播直接影响着公众对法治的认同感。公正意味着法律的公平实施，不偏不倚；平等强调法律面前人人平等，无论个人背景如何；透明性则要求法律程序的公开与透明，以确保公众的知情权和监督权。通过这些基本理念的传播，法治的价值观能够在公众心中扎根，成为社会稳定与和谐的重要基石。

为了实现法治价值观的广泛传播，多样化的传播渠道是必不可少的。社交媒体与社区活动作为现代社会的重要传播媒介，能够有效地将法治理念传递给不同群体。社交媒体以其广泛的覆盖面和快速的信息传递特点，成为法治传播的重要平台。通过社交媒体，法治理念能够以更生动、更贴近生活的方式呈现给公众，增强公众对其的接受度与认同感。而社区活动提供了面对面交流的机会，使法治价值观能够在更真实的互动中传播。通过开展社区活动，公众不仅能够学习到法治知识，还能够在互动中加深对法治理念的理解，形成更为深刻的认同。

公众的参与是法治传播中不可或缺的一环。通过鼓励公众参与法治讨论与活动，可以有效提升其对法治理念的理解与践行。公众的参与不是被动地接受信息，而是通过自身的参与与互动，形成对法治理念的积极认同。法治讨论可以通过论坛、讲座等形式进行，而法治活动可以包括模拟法庭、法律咨询等多种形式。在这些活动中，公众可以通过亲身参与，体验法治的实际运作过程，从而加深对法治理念的理解。积极地参与不仅提升了公众的法律素养，还为社会形成积极的法治文化氛围奠定了基础。

在法治传播中，结合社会热点与公众关切设计有针对性的法治宣传内容，是增强法治价值观现实意义的重要途径。社会热点往往是公众关注的焦点，通过将法治宣传与这些热点相结合，能够有效吸引公众的注意力，并使法治理念更具现实意义。针对性的法治宣传内容可以通过案例分析、专题报道等形式呈现，使公众在关注热点的同时，能够深入理解法治的相关理念与原则。这种结合不仅增强了法治宣传的效果，也使法治价值观能够更紧密地与民众生活相连，提升公众对法治的认同感与支持度。通过这种方式，法治传播能够在更广泛的社会层面产生积极影响，推动社会的法治进程。

（二）理念强化机制

在法治传播中，理念强化机制的核心在于通过制度化的手段，使得法治理念在社会中得到广泛的传播和接受。通过系统的教育和培训，法治理念能够在公众中形成稳定的认知结构，从而在社会中形成一种内在的价值共识。这种共识不仅体现在公众的法律意识中，还体现在他们的日常行为和社会实践中。理念强化机制的有效性直接关系到法治传播的深度和广度，是法治建设的重要组成部分。

建立法治宣传的激励机制是理念强化机制的重要手段之一。通过奖励和表彰积极参与法治活动的个人和团体，可以有效激励更多公众参与到法治建设中。这种激励机制不仅能够提高公众对法治活动的参与度，还能增强他们对法治理念的认同感和归属感。奖励和表彰的形式可以多种多样，如颁发荣誉证书、给予物质奖励、在公共媒体上进行表彰等。通过这些形式，不仅能够提高参与者的荣誉感，还能在社会中树立法治建设的榜样，激励更多人关注和参与法治活动。激励机制的建立，有助于形成全社会共同参与法治建设的良好氛围，推动法治理念的广泛传播和深刻内化。

法治文化主题活动是理念强化机制的重要载体，通过开展丰富多样的活动，如法治知识竞赛、法律讲座等，不仅能够普及法律知识，还能够激发公众学习法律的兴趣和热情，增强公众对法治理念的参与感和认同感。在这些活动中，参与者通过互动和交流，能够更深入地理解法治理念，并将其内化为自己的价值观念。这一内化过程是理念强化的关键，通过不断地参与和实践，公众能够在潜移默化中形成对法治的认同和支持。法治文化主题活动的开展，不仅丰富了法治传播的形式，还为法治理念的深化传播提供了重要平台。

设立法治宣传的反馈渠道是理念强化机制的重要组成部分。通过开放的反馈渠道，公众可以对法治宣传内容提出意见和建议，这不仅有助于提升法治宣传的效果，还能增强公众的参与感和责任感。反馈渠道的设立，可以采取多种形式，如热线电话、网络平台、意见箱等。通过这些渠道，法治传播机构能够及时了解公众的需求和期望，从而不断优化和调整传播策略。反馈渠道的有效运作，不仅能够提高法治宣传的针对性和时效性，还能增强公众对法治传播的信任和支持。

四、行为的引导与规范

（一）行为规范制定

行为规范制定的核心在于将法律条款与社会行为相结合，形成具体的行为准则。行为规范的制定不是法律条文的简单延伸，而是需要结合法律条款，确保其内容与现行法律法规相一致。通过这种方式，能够有效避免法律冲突，确保行为规范在法律框架内的合法性和可操作性。法治传播的逻辑理路强调，行为规范的制定不仅是法律规定的体现，更是社会秩序的保障。只有在法律条款的指导下，制定出符合实际需求的行为规范，才能真正发挥其引导和规范社会行为的作用。

在行为规范的制定过程中，社会文化背景的考虑至关重要。每个社会都有其独特的文化背景和价值观，行为规范的内容只有与之相适应，才能得到广泛的接受和认可。法治传播强调，行为规范的制定不仅要符合法律要求，还要尊重当地居民的价值观和习惯。只有这样，才能增强行为规范的接受度，使其在实际应用中更具有效性和可行性。法治传播的逻辑主线在于，通过结合社会文化背景，制定出既合法又合情的行为规范，以促进社会和谐与稳定。

明确的执行和监督机制是行为规范有效实施的保障。在制定行为规范时，必须设立与之相应的执行和监督机制，以确保规范的有效实施和遵守。法治传播的实践模式表明，缺乏执行和监督的行为规范往往流于形式，无法发挥其应有的作用。因此，在制定行为规范时，应充分考虑如何建立科学合理的执行和监督机制，以确保行为规范的有效性和持久性。只有在有效的执行和监督下，行为规范才能真正引导和规范社会行为，维护社会秩序。

公众参与是行为规范制定过程中不可或缺的一部分。法治传播强调公众参与的重要性，认为只有通过公众的广泛参与，才能制定出更具合理性和实用性的行为规范。在制定行为规范时，应鼓励社区居民积极参与，提出意见和建议。这不仅有助于增强行为规范的合理性，也能提高其在社区中的适用性和接受度。通过公众参与，法治传播能够更好地实现其目标，推动社会的进步与发展。公众的广泛参与不仅是行为规范合理性的体现，也是法治传播民主精神的具体实践。

（二）引导策略实施

引导策略实施的核心在于通过有效的手段和方法，促使公众自觉遵循法律规范。为了实现这一目标，建立社区法律服务中心成为一项重要举措。社区法律服务中心不仅能够提供法律咨询服务，还能通过法律教育帮助居民了解法律法规。通过这种方式，不仅能增强居民的法律意识，还能让他们在日常生活中更好地运用法律知识。社区层面的法律服务，不仅是对法律知识的普及，更是对法治文化的深耕。通过法律教育，居民能够更清晰地理解法律在社会生活中的重要性，从而在行为上更加规范。

开展法治宣传活动是引导策略实施的重要方面。通过举办法律知识竞赛和讲座，可以有效地激发公众对法律的兴趣和参与感。这些活动的开展，不仅仅是对法律知识的传播，更是对法律文化的传递，通过互动和参与，公众能够更深刻地体会到法治的意义。法律知识竞赛能够在轻松的氛围中进行法律普及，而讲座可以深入探讨法律问题，让公众在潜移默化中受到法治精神的熏陶。通过开展法治宣传活动，法律不再是抽象的条文，而是生活中实实在在的准则，公众的法律素养也在这种潜移默化中逐步提升。

在现代社会中，社交媒体平台的广泛应用为法治传播提供了新的路径。通过这些平台发布法律知识短视频和图文信息，可以有效吸引年轻人的关注。年轻人是社会的未来，他们的法律素养直接关系到未来社会的法治水平。短视频和图文信息的形式新颖，易于传播，能够在短时间内吸引大量关注。通过这种方式，法律知识的传播不再局限于传统的课堂，而是通过社交媒体的分享和互动，成为流行文化的一部分。这种传播方式不仅提高了年轻人的法律素养，还增强了他们对法律问题的关注和讨论。

设立法律行为规范的监督机制是确保引导策略实施效果的关键。通过鼓励居民参与监督和反馈，可以有效确保行为规范的执行和社区法治建设的推进。居民的参与不仅是对法律行为的监督，也是对自身法律意识的强化。在监督机制下，居民不再是法律的被动接受者，而是积极的参与者和建设者。他们通过监督和反馈，不仅能够发现和纠正社区中的不规范行为，还能促进社区成员间的相互监督和支持。监督机制的建立，不仅有助于提升社区的法治水平，还能增强居民的法律责任感和参与感。

第三节 法治传播的逻辑归宿

一、法治社会的形成

（一）社会制度的完善

法律法规的系统化和规范化是完善社会制度的首要任务。这一过程需要确保法律条文的明确性和可操作性，以便公民能够清晰地理解法律的内容及其适用范围。这种明确性不仅增强了公民的法律意识，还提高了其遵法自觉性。通过建立系统化的法律体系，社会可以构建一个稳定的法律框架，减少法律适用中的不确定性和随意性，从而促进社会的和谐与稳定。

完善社会制度的另一个关键在于建立有效的法律实施机制。而权威的司法机构和独立的法律监督体系是这一机制的核心。权威的司法机构能够确保法律的公正执行，而独立的法律监督体系是防止滥用权力、保障公民权利的关键。这两个机构的结合，不仅提升了法律的权威性和公信力，还为公民提供了一个可靠的法律救济途径，确保每一位公民的合法权益都能得到有效的保护。

社会制度的完善还需要建立公众参与机制。公众参与机制通过鼓励公民参与立法与政策制定，来提升法律的透明度和公众的信任感。公众参与不仅是民主社会的重要体现，也是提高法律质量和适用性的有效途径。通过广泛的公众参与，法律制定者可以更好地了解社会需求，从而制定出更符合实际的法律法规，增强法律的适用性和社会认同度。

社会制度的完善必须关注法律与社会现实的结合。法律应能够适应社会发展的需求，这就需要通过动态调整与反馈机制保持其有效性和适用性。法律的制定和实施不能脱离社会现实，只有不断地调整和完善法律制度，才能确保法律在快速变化的社会中始终保持其指导和规范作用。这种结合不仅是法律制度完善的体现，也是法治社会不断发展的动力所在。

（二）法律意识的普及

一个社会要真正实现法治，法律意识的普及程度直接影响法治的实施效果。

法律意识不仅仅是对法律条文本身的理解，更是对法律精神和法治原则的认同。法律意识的普及需要通过多层次的公众教育体系来实现，包括学校教育、社区活动和在线课程等多种形式。这些形式的结合，能够保证法律知识的广泛传播，并深入人心，从而使法律意识成为社会文化的一部分。

在现代社会中，法律意识的普及离不开新媒体技术的支持。社交平台和移动应用为法律知识的传播提供了全新的渠道。通过这些平台，可以开展互动式的法律知识传播活动，使公众更加主动地获取法律信息。这种互动不仅增强了公众对法律的参与感，还提高了获取法律信息的便捷性。新媒体技术的应用，使得法律意识的普及不再局限于传统的课堂教学，而是扩展到日常生活的各个方面。

法律意识的普及需要针对不同人群设计相应的策略。不同的受众群体由于其背景、文化和理解能力的不同，对法律知识的需求也各不相同。因此，法律教育内容的设计必须符合各类人群的需求，以确保法律知识能够被有效地理解和吸收。这种差异化的教育策略，不仅提高了法律知识普及的效率，还增强了法律知识的实际应用性，使其能够更好地服务于法治社会的建设。

为了确保法律意识普及的效果，建立评估机制是必不可少的。这种评估机制不仅能够帮助识别普及策略和内容中的不足之处，还能为未来的优化和调整提供数据支持。只有通过不断地评估和改进普及策略和内容，提高法律知识的普及程度，才能够真正实现促进法治社会发展的目标。

二、公民法治素养的提升

（一）法律知识的普及

通过系统化的法律知识传播，公民能够更好地理解法律的基本概念和原则，增强其法律意识和法治观念。这一过程不仅涉及法律条文的传授，更注重法律精神的渗透，使公民在日常生活中能够自觉运用法律思维处理问题。法律知识普及的目标在于增强公民对法律的基本理解，使其能够识别和维护自身权利。这种理解不仅限于对法律条文的记忆，更在于培养公民运用法律进行思考和判断的能力。通过法律知识的普及，能够使公民在面对法律问题时，具备初步的判断能力和解决问题的思维框架，从而在法律事务中不再处于被动地位。

为了实现法律知识的广泛普及，必须采用多样化的传播方式，以适应不同年龄和背景的群体需求。其中，线上课程和社区讲座是两种有效的传播方式。线上课程能够打破时间和空间的限制，使学习者可以根据自身情况灵活安排学习时间。而社区讲座通过面对面的交流，增强了学习过程中的互动性和参与感。这些传播方式不仅提高了法律知识的可及性，还为不同群体提供了量身定制的学习机会，使法律知识的普及更加精准和有效。此外，通过社会媒体、法律宣传日等形式，也能有效地提高公众对法律知识的关注度和参与度。

为了确保法律知识普及的效果，建立评估机制是至关重要的。这一机制的建立，旨在监测公众法律意识的提升情况，从而不断优化普及策略。法律知识的普及效果评估可以通过问卷调查、法律知识竞赛、案例分析等方式进行，旨在全面了解不同群体对法律知识的掌握程度和应用能力。通过这些评估手段，可以及时发现普及过程中存在的问题，并根据反馈调整教学内容和方法，确保普及工作的针对性和有效性。只有通过持续的评估和改进，法律知识普及才能真正达到提升公民法治素养的目的。

（二）法治教育的深化

通过系统化的法治教育，公民能够更好地理解法律的基本原则和运作机制，从而在日常生活中更有效地行使权利和履行义务。法治教育不仅仅是传授法律知识，更是培养公民的法律意识和法治思维，使其能够在复杂的社会环境中做出合理的法律判断。当前，法治教育的深化需要从内容、方法和技术等多个层面进行全面提升，以适应现代社会的需求。

法治教育应注重实践性，通过开展模拟法庭、法律辩论等活动，可以让学生在实际操作中理解法律条文和司法程序。实践性教育模式能够帮助学生将理论知识与实际应用相结合，增强他们的法律应用能力和实践技能。在模拟法庭中，学生可以扮演不同的法律角色，如法官、律师和证人，从而亲身体验法律程序的复杂性和严谨性。法律辩论则可以培养学生的逻辑思维和表达能力，使他们能够在法律问题上进行深入分析和有效沟通。这些实践活动不仅提高了学生的法律素养，也增强了他们对法治精神的认同感。

法治教育应强调跨学科融合，通过将法律知识与伦理学、社会学等其他学科相结合，来培养学生的综合思维能力和法律素养。现代社会的问题往往是多层次和多方面的，仅靠单一学科的知识难以全面解决。因此，法治教育需要与其他学科相结合，帮助学生从多角度理解法律问题。例如，将法律与伦理学相结合，可以引导学生思考法律与道德之间的关系；将法律与社会学相结合，可以帮助学生理解法律在社会结构中的作用。通过跨学科的学习，学生能够形成更加全面和立体的法律认知。

新媒体和数字技术的快速发展为法治教育提供了新的平台和手段。法治教育应利用新媒体和数字技术，开发互动式在线课程和应用程序，提高学生的学习兴趣和参与度，促进法律知识的普及。通过开发互动式的在线课程，学生可以在任何时间、任何地点进行学习，极大地提高了学习的便捷性和灵活性。利用应用程序进行法律知识的普及时，可以通过游戏化的方式来增强学习的趣味性和互动性，从而激发学生的学习兴趣和主动性。数字化的教育方式不仅能够扩大法治教育的覆盖面，还能够提高教育的效果和效率。

三、法治信仰的树立

（一）法律权威的认同

法律权威的认同体现在公民对法律制度的信任上，认为法律是维护社会秩序和公正的基础。法律作为社会规范的最高形式，其权威性不仅体现在法律条文的制定上，还体现在其在社会实践中的实际运用。法律的权威性在于其能够在社会冲突中提供明确的解决方案，并在维护公共利益和个人权益之间取得平衡。而公民对法律的信任，源于其对法律制度的稳定性和连续性的认知。因此，法律权威的认同是公民对法治信仰的基础，是推动社会进步和实现社会正义的重要保障。

法律权威的认同要求法律条文的明确性和可预见性，使公民在法律适用中感受到公平与公正。明确的法律条文使得法律的适用具有可预见性，公民能够预估其行为的法律后果，从而自觉地调整自身行为，避免法律责任。法律的明确性不仅是法律技术层面的要求，还是法治国家的基本原则之一。法律的可预见性增强了公民对法律的信任，使得法律不仅仅是外在的强制力量，更是内化的行为准则，这种内化过程是法治信仰形成的关键。

法律权威的认同依赖于有效的法律实施机制，确保法律能够被公正地执行，增强公众对法律的依赖性。法律的权威性不仅体现在其文本的规范性，还体现在其实施的有效性。有效的法律实施机制包括公正的司法制度、独立的司法权力以及透明的执法过程，这些都是确保法律能够被公正执行的前提条件。只有当法律能够在实践中得到公正的执行，公民才会对法律产生依赖性，从而增强对法律的信仰和对法治的认同。

法律权威的认同还需要通过法治教育和宣传，使公民理解法律的价值与意义，从而自觉遵守法律规定。法治教育不仅仅是对法律知识的普及，更是对法律价值观的传播。通过法治教育，公民能够理解法律不仅是行为的约束，还是权利的保障。法治宣传通过各种媒介，使法律观念深入人心，培养公民的法律意识和法律素养。只有当公民真正理解法律的价值和意义，法律权威才能得到真正的认同，法治信仰才能在全社会得以树立。

（二）法治文化的培育

在法治传播过程中，法治文化的社会主义核心价值观强调法律的尊重与权利的保障，通过法律来维护社会的公平与正义。它要求社会成员共同遵循一套行为准则，这些准则不仅体现在法律文本中，还体现在社会生活的方方面面。法治文化的培育应从多角度、多层次进行，只有这样，才能为法治社会厚植其所需的文化土壤。

法治文化的社会主义核心价值观是其内在的灵魂。法律的尊重与权利的保障是法治文化的基石，它不仅要求个体遵守法律，还要求法律能够有效地保障个体的基本权利。在法治文化中，法律被视为解决社会矛盾和冲突的最终权威，社会成员通过法律来寻求公平与正义。这种价值观的形成需要通过长期的教育与实践，使得法律在社会成员心目中占据重要的位置，成为他们日常行为的指导原则。只有增强公众对法治社会主义核心价值观的认同，社会才能真正实现法治的目标。

法治文化的传播途径多种多样，通过文化活动、艺术作品和社会宣传等形式，可以有效地增强公众对法治文化的认同感。文化活动如法治主题的演讲、论坛和研讨会，能够为公众提供一个深入了解法治文化的平台。艺术作品，如电影、戏剧和文学作品，通过生动的故事和形象的表达，使法治观念深入人心。社会宣传则通过媒体、广告和公共服务公告等渠道，广泛传播法治信息，提升公众的法治意识。传播途径的多样化和创新性，使得法治文化能够在更广泛的社会层面得到传播和接受。

社区参与是法治文化传播与实践的重要环节。社区作为社会的基本单元，是法治文化培育的理想场所。通过开展社区法治活动和讨论，居民可以更好地理解法律，增强对法律的尊重与信任。社区法治活动不仅包括法律知识的普及，还涉及法律在日常生活中的实际应用。通过参与这些活动，居民能够更直观地感受到法律的作用，增强其法治意识。社区讨论则为居民提供了一个交流和分享的平台，使得法治文化在社区层面得到更广泛的传播和实践。

法治文化的创新实践是其发展的动力源泉。结合现代科技与传统文化，探索新形式的法治教育和宣传，是提升公众参与法治建设积极性的有效途径。现代科技的应用，如互联网和社交媒体，使得法治信息的传播更加迅速和广泛。通过线上法治教育平台，公众可以随时随地获取法律知识，参与法律讨论。传统文化的融入，使得法治文化更加贴近公众的日常生活，增强其亲和力和感染力。通过创新实践，法治文化能够不断适应社会的发展变化，保持其生命力和影响力。

四、良好法治环境的营造

（一）法律制度的健全

一个国家的法律制度如果缺乏系统性，法律条文之间就会相互矛盾，或在实践中难以操作，最终导致法律的权威性和公信力下降。而法律制度的健全不仅需要立法机关的努力，也需要学术界、法律界的共同参与，从而形成一个既有理论依据，又能在实践中操作的法律体系。

建立健全的法律实施机制是法律制度健全的关键环节。完善的司法程序和有效的监督体系是法律实施的保障。在司法程序方面，需要确保程序的公正性和透明度，保障当事人的合法权益。在监督体系方面，需要建立多层次、多渠道的监督机制，包括司法监督、行政监督和社会监督，以确保法律的实施不偏离其应有的轨道。同时，有效的法律实施机制还需要一支高素质的法律职业队伍，他们不仅要具备过硬的法律专业知识，还要具备良好的职业道德和社会责任感。

法律透明度的强化是提高法律权威性的重要途径。通过公开的法律信息和程序，可以增强公众对法律制度的理解与信任。法律透明度不仅体现在法律条文的公开上，还体现在法律制定过程的公开、法律实施过程的公开，以及法律解释和适用过程的公开上。只有在一个透明的法律环境中，公众才能真正理解法律的意图和目的，从而自觉地遵守法律。同时，法律透明度的提高也有助于减少腐败现象的发生，增强法律的公信力。

促进公众参与法律制度的制定与修订，是增强法律适用性和合理性的有效方式。法律制度的制定与修订如果脱离了公众的实际需求和意见，法律的适用性和合理性就会大打折扣。因此，在法律制定和修订过程中，应广泛听取社会各界的意见和建议，特别是直接受法律影响的群体的意见。只有这样，才能确保法律法规真正反映社会的实际需求，体现公众的意愿，从而提高法律的实施效果和社会的法治水平。

（二）法治氛围的营造

在法治社会的建设过程中，营造良好的法治氛围是关键的一环。通过多层次、多渠道的法律宣传，能够有效地提升公众的法律意识和法律素养。法律宣传的形式可以多种多样，包括但不限于利用传统媒体和新兴媒体进行法律知识的普及。通过这些媒介，法律不仅被视为一套规则，更被理解为一种社会秩序和正义的象征。通过这种方式，法治氛围逐渐蔓延到社会的各个角落，使法律成为社会成员日常生活的一部分。

法律宣传活动的开展要有计划、有步骤地进行，以确保其有效性和覆盖面。利用多种媒介和渠道是营造法治氛围的重要手段。传统媒体如报纸、电视等依然是法律宣传的重要平台，而新兴媒体如社交网络、移动应用等为法律知识的传播提供了更多的创新途径。通过法律知识讲座、法律咨询日等形式，定期开展法治宣传活动，可以提高公众对法律知识的认知和理解。这些活动不仅提高了公众的法律素养，还增强了他们对法治的认同感和参与感，为营造良好的法治氛围奠定了基础。

社区是社会的基本单元，社区法治文化活动的开展是营造法治氛围的重要途径。通过开展法律知识竞赛、法律讲座等活动，社区成员不仅可以提高法律知识水平，还能在互动中增强法律意识和责任感。这些活动的开展有助于在社区内部形成一种积极向上的法治文化氛围，使法律观念深入人心。此外，社区法治文化活动还可以促进社区成员间的交流与合作，增强社区的凝聚力和认同感，为法治社会的建设提供坚实的基础。

法治教育的目标不仅是传授法律知识，更重要的是培养公众的法律实践能力和参与感。通过模拟法庭、法律服务志愿者活动等形式，公众可以在实践中感受法律的作用和意义。模拟法庭活动使参与者能够体验真实的法律程序，理解法律的公平与正义；法律服务志愿者活动则为公众提供了服务社会的机会，增强了他们的社会责任感和法律实践能力。通过教育与实践相结合的模式，有助于形成全社会共同参与法治建设的良好氛围，推动法治精神的深入人心。

法治社会的建设需要全社会的共同努力，单靠政府和法律机构的力量是不够的。企业、非政府组织等社会各界的参与，可以为法治氛围的营造注入更多的资源和活力。企业可以通过履行社会责任，来支持法律宣传和教育活动；非政府组织可以发挥其灵活性和创新性，组织和参与各种法治活动。通过多方共同努力，可以形成全社会共同营造法治氛围的合力，使法治精神在社会的各个角落生根发芽，推动法治社会的全面发展。

第四节　法治传播逻辑理路的优化策略

一、提升传播内容质量

（一）内容准确性提升

法律信息的科学性是确保传播内容准确性的基础。法律信息必须基于权威的法律条文与判例，以增强传播的可信度与权威性。传播者需要对法律条文进行详尽解读，并结合实际案例进行阐释，以确保信息的科学性和准确性。通过引用权威法律条文和经典判例，可以有效地提升法治传播的权威性，使受众对法律信息的信任度大大提高。同时，传播者应具备扎实的法律专业知识，以便在传播过程中准确把握法律条文的核心要义，避免因误读或误解导致信息失真。

法治传播内容的针对性是提升传播效果的重要因素。针对不同受众的需求与特征，设计切合实际的法律信息，以提高公众的理解与接受度，是法治传播的重要任务。不同的受众群体在法律知识水平、信息需求和接受方式上存在显著差异，因此传播者需要根据受众的具体情况，量身定制法律信息。通过对受众群体的深入研究，了解其法律知识的薄弱环节和关注点，传播者可以设计出更具有针对性和实用性的法治传播内容，从而有效地提高受众的参与度和信息吸收效果。

法治传播内容的时效性是确保信息有效传递的关键。法律信息需要及时更新，以反映最新的法律法规变动和社会热点问题，确保公众获取的信息是最新的和相关的。法律法规的频繁变动，社会热点问题层出不穷，传播者需要时刻关注法律动态和社会发展，以便及时调整传播内容。通过建立快速的信息更新机制，传播者可以在法律法规调整后第一时间发布最新信息，确保公众能够及时掌握法律变化。同时，结合社会热点问题进行法治传播，可以提高公众对法律信息的关注度和接受度。

法治传播内容的易懂性是提高公众理解和应用法律知识的保障。采用通俗易懂的语言和形式，避免专业术语的过度使用，使法律知识更易于被普通公众理解和应用，是法治传播的重要策略。法律术语复杂且晦涩，对于普通公众而言，理解这些术语可能存在困难。因此，传播者在进行法治传播时，应尽量使用通俗的语言进行解释，并通过图表、视频等多种形式进行展示，以提高信息的可读性和趣味性。通过这种方式，法律知识可以更为广泛地传播，公众的法治意识和法律素养也将得到有效的提升。

（二）语言表达优化

在法治传播中，使用简洁明了的语言，避免复杂的法律术语，是确保普通公众能够轻松理解法律信息的重要策略。法律信息的传播不仅仅是专业人士间的交流，更是面向广大公众的知识普及。通过简化语言，去除冗长的法律术语，可以降低理解门槛，使法律信息变得更加亲民。语言的简化并不意味着内容的浅薄，而是通过更为直接和清晰的方式传达核心信息，从而提高信息的可及性和可理解性。

通过生动的实例和比喻，将法律概念与公众日常生活中的实际情境相结合，是增强法律知识亲和力的有效手段。法律概念往往抽象且难以捉摸，但如果能够结合具体的生活实例，便能够让受众更容易在生活中找到法律的影子，激发受众的学习兴趣和主动性。

采用多样化的表达形式，如图表、视频和互动内容，是提升法治传播趣味性和参与感的有效策略。现代传播技术的发展为法律信息的传播提供了更多的可能性。图表可以直观地展示法律关系和数据，视频能够通过动态画面和声音增强信息的吸引力，互动内容则能通过参与性活动加深受众的理解和记忆。采用多样化的表达形式，不仅能够吸引更多受众的关注，还能通过多感官的刺激提升信息的传播效果。

确保语言表达的逻辑性和连贯性，通过清晰的结构和层次，使受众能够顺畅地跟随法律信息的传递过程，是法治传播中不可忽视的部分。法律信息通常涉及复杂的逻辑关系和严谨的论证过程，因此在传播过程中，必须确保信息的逻辑清晰和结构分明。通过合理的段落划分和层次安排，可以帮助受众更好地理解信息的内在逻辑，从而在信息接收过程中形成完整的知识体系。清晰的结构和层次不仅有助于信息的有效传播，也能够提高信息的说服力和权威性。

二、创新传播方式方法

（一）多媒体传播应用

通过多媒体技术，法律知识可以以更加生动、直观的方式呈现给公众，打破传统传播方式的局限，使得法律信息的传递更加高效和广泛。在法治传播的背景下，多媒体技术不仅仅是信息载体，更是促进法律知识普及和公众法律意识提升的重要工具。

采用互动式在线课程是多媒体传播应用中的一个重要创新。利用多媒体技术设计的法律学习平台，不仅可以提供丰富的法律知识内容，还通过实时互动、问答和讨论功能，极大地增强了学习者的学习体验和参与感。互动式的学习模式，打破了传统课堂教学的单向性，使得学习者能够在学习过程中积极参与，提出问题并获得及时反馈，从而加深对法律知识的理解和记忆。互动式在线课程的设计，既满足了现代学习者的需求，也符合信息时代的学习习惯。

社交媒体平台的广泛应用，为法治传播提供了新的路径。通过在社交媒体上发布法律知识的图文信息，法治传播者可以结合热点话题和公众关心的法律问题，吸引更多人关注和分享法律信息。社交媒体的互动性和传播速度，使得法律信息能够在短时间内迅速扩散，形成广泛的社会影响力。这种传播方式，不仅提高了法律知识的可及性，也增强了公众参与法律讨论的积极性，有助于形成良好的法治社会氛围。

虚拟现实（VR）技术的运用，为法治传播带来了全新的体验。通过营造沉浸式的法治教育环境，公众可以在模拟法庭等场景中亲身体验法律程序。沉浸式的学习方式，不仅让参与者更直观地理解法律程序和法律条款，还能有效提升他们的法律意识和理解力。VR 技术的应用，使得法治教育不再局限于书本和课堂，而是通过身临其境的体验，帮助公众更好地理解和尊重法律，进而促进法治社会的建设。

（二）互动传播模式

通过互动传播模式，法律知识不再是单向地灌输，而是通过双向交流实现更有效的传播。互动传播模式的关键在于利用现代技术手段，营造一个开放、包容的交流环境，鼓励公众积极参与法律知识的讨论和分享。互动传播模式不仅有助于提升公众的法律意识，还能增强法治传播的时效性和影响力。

利用社交媒体平台进行法律知识的实时互动，是互动传播模式的重要体现。社交媒体以其广泛的用户基础和即时的互动性，为法律知识的传播提供了理想的平台。在这些平台上，公众可以随时提出法律问题，并通过专业人士的解答获得及时的法律指导。社交媒体平台具有的实时互动性不仅增强了公众的参与感，还有助于增强其法律意识和法律素养。通过社交媒体，法律知识的传播变得更加生动和贴近生活，公众在互动中逐渐形成对法律的正确认知。

开展线上法律知识竞赛是激发公众学习法律知识兴趣的有效方式。通过积分和奖励机制，参与者在竞赛中不仅能够测试自己的法律知识水平，还能通过竞争激发学习热情。在竞赛过程中，参与者不断积累法律知识，提升自身的法律素养。法律知识竞赛的设计应注重趣味性和挑战性，以吸引更多公众参与，并通过竞赛活动的反馈机制，持续优化竞赛内容和形式，以确保法律知识传播的有效性和持续性。

开展模拟法庭活动是提升公众对法律实践理解的重要途径。在模拟法庭中，参与者可以通过角色扮演体验法律程序，亲身感受法律实践的严谨性和规范性。这种体验式学习不仅能够提升参与者的法律知识水平，还能激发其对法律职业的兴趣。模拟法庭活动的设计应注重真实性和互动性，通过模拟真实的法律场景，让参与者在实践中加深对法律程序和法律职业的理解。

建立法律信息反馈机制是优化法律知识传播方式和内容的关键步骤。通过鼓励公众对法治传播内容提出意见和建议，传播者能够更好地了解公众的需求和关注点，从而不断优化传播策略和内容。反馈机制的有效性取决于其开放性和透明性，传播者应积极回应公众的反馈，并根据反馈结果进行相应的调整，以确保法律知识传播的持续改进和提升。这种双向互动的反馈机制，能够促进法治传播的良性循环，提升公众的法律素养和法律意识。

三、加强传播主体建设

（一）专业团队培养

组建一支具备法律、传播和教育等多领域专业背景的团队，能够有效增强法治传播的综合性和专业性。法律专业背景为团队提供了坚实的理论基础，使得成员能够准确地解读法律条文并进行有效传播；传播专业背景确保了信息传递的有效性和影响力；教育背景有助于团队成员理解受众心理和行为，从而制定更具针对性的传播策略。通过多学科背景的融合，团队可以在复杂的传播环境中游刃有余，确保法治信息的准确传递和广泛传播。

为了提升团队成员的法律素养和传播技能，定期的专业培训和研讨会是必不可少的。这些活动不仅可以更新成员的知识储备，还能帮助他们掌握最新的传播技术和工具，以应对法治传播中不断涌现的新挑战与新需求。培训内容应涵盖法律法规的最新动态、传播学的前沿理论以及教育学的应用方法，使团队成员能够在多变的传播环境中保持敏锐的洞察力和创新的思维力。通过持续的学习和自我提升，团队成员可以更好地履行其在法治传播中的职责。

跨学科合作是法治传播策略创新的重要途径。鼓励团队成员参与社会学、心理学等领域的研究，能够为法治传播注入新的活力和视角。跨学科合作可以帮助团队更全面地理解受众的行为和心理特征，从而制定出更具针对性和时效性的传播策略。通过结合不同学科的研究成果，团队能够在法治传播中采用更为多样化和创新的方法，提高传播的效果与影响力。跨学科的合作不仅可以丰富团队的知识体系，也为法治传播的实践提供了新的可能性。

建立团队内部的知识共享机制是提升团队整体能力的重要手段。通过定期交流法治传播的最新研究成果和实践经验，团队成员可以互相学习，取长补短，从而形成一支具有高度协作性和创新性的团队。知识共享不仅能够促进团队成员的个人成长，还能推动整个团队在法治传播中的不断进步。通过知识共享机制，团队可以及时调整和优化传播策略，确保法治信息的有效传递和广泛认知，从而更好地实现法治传播的目标。

（二）传播能力提升

传播主体的法律素养是传播能力的核心要素，确保传播者具备扎实的法律知识和专业技能是增强法律信息传播效果的基础。法律素养不仅是对法律条文的理解，还包括对法律精神的把握以及对法律适用的灵活性。法律素养的提升需要通过系统的法律培训和持续的专业教育来实现，以确保传播者能够准确、有效地传递法律信息，避免因误解或偏差导致的信息失真。同时，传播者应具备良好的沟通技巧，以便在不同的传播环境中灵活应对，确保法律信息能够被受众正确接收和理解。

建立跨学科合作机制是提升法治传播能力的重要策略。结合社会学、心理学等领域的研究成果，可以丰富法治传播的视角和方法。跨学科的合作有助于传播者理解法治传播中涉及的复杂社会因素和心理因素，从而提升传播的深度与广度。例如，社会学视角可以帮助传播者分析法治传播在不同社会群体中的接受度和影响力，而心理学研究可以揭示受众在接收法律信息时的心理过程和行为反应。这种多学科的整合不仅能够提高法治传播的科学性和有效性，还能为传播策略的制定提供更为全面的依据。

优化法治传播的评估体系是提升法治传播能力的关键步骤。定期对传播效果进行测量与反馈，可以帮助识别传播过程中存在的问题，并及时调整传播策略和内容。评估体系应包括定量和定性两方面的指标，既要关注法律信息的覆盖面和受众的接受度，也要重视传播内容的准确性和影响力。通过科学的评估，可以发现传播过程中的薄弱环节，并采取有针对性的改进措施，以确保传播目标的有效实现。此外，评估结果还可以为传播主体的能力提升提供数据支持，帮助其在未来的传播活动中更好地发挥作用。

加强与社会各界的合作是提升法治传播能力的重要途径。鼓励非政府组织、社区团体和企业参与法治传播活动，可以形成多元化的传播网络，扩大法律知识的覆盖面和影响力。这种合作不仅可以扩大法治传播的渠道，还能借助各方的资源和优势，提升传播活动的质量和效果。例如，非政府组织可以利用其在社区中的影响力，开展针对特定群体的法律宣传活动，而企业可以通过其商业网络，推动法律知识在更广泛人群中的传播。通过广泛的社会合作，可以实现法治传播的多层次、多维度覆盖，提高法律知识在全社会的普及程度。

四、完善传播机制体制

（一）体制改革创新

通过建立法治传播的跨部门协作机制，可以有效地促进法律、教育、媒体等多领域的资源整合与信息共享。跨部门协作机制不仅提高了法治传播的效率，还增强了其效果。实现这一目标需要各部门间的紧密合作，确保信息流通的畅通无阻，并在此基础上形成一套行之有效的合作模式。跨部门协作，不仅能够优化现有资源的配置，还能在更大范围内动员社会力量参与法治传播，形成合力，推动法治文化的广泛传播。

在完善法治传播的政策支持体系方面，制定相关政策和标准至关重要。这些政策和标准为法治传播活动提供了明确的指导和保障，增强了其规范性和可操作性。政策支持体系的建立，不仅为法治传播的实施提供了法律依据，也为各项传播活动的开展提供了方向性指引。通过政策的引导，可以确保法治传播活动在合法合规的框架内进行，减少不必要的误解和争议。同时，政策的制定还需要兼顾灵活性，以便能够根据实际情况的变化及时调整，确保法治传播活动的持续性和有效性。

构建法治传播的评估与反馈机制，是确保传播目标实现的重要环节。定期对传播效果进行评估，收集公众反馈，可以为传播策略和传播内容的及时调整提供依据。科学的评估机制，可以帮助传播者了解法治传播活动的实际效果和公众的接受程度。反馈机制的建立，能够使传播者了解公众的真实需求和关注点，从而在传播内容和方式上做出相应的调整。这不仅提高了法治传播的针对性和有效性，也增强了公众对法治传播活动的参与感和认同感。

建立法治传播的公众参与机制，是提升法治传播广泛性和有效性的关键。鼓励社会各界积极参与法治宣传活动，能够形成全社会共同参与的氛围。在公众参与机制的推动下，法治传播不再是单向的信息传递，而是多方互动的过程。公众的广泛参与，不仅可以扩大法治传播的覆盖面，还能增强法治文化在社会中的影响力。通过开展各种形式的公众参与活动，可以激发公众对法治的兴趣和热情，推动法治观念深入人心，最终实现法治传播的长远目标。

（二）监督评估机制

在法治传播的过程中，监督评估机制的建立是确保传播活动有效性和持续改进的关键环节。监督评估机制不仅可以监测传播活动效果，还可以为传播策略的持续优化提供依据。通过建立监督评估机制，可以在法治传播活动中定期收集和分析效果数据。这种数据包括法律知识的普及率、公众的参与度以及法律意识的提升等多方面指标。通过对这些数据进行分析，能够及时发现传播活动中存在的问题，并进行适时调整，从而提高传播的整体效果。

为了确保评估的全面性和科学性，设计多维度的评估指标是必不可少的。这些指标应涵盖法律知识普及率、公众参与度和法律意识提升等方面。通过多维度的评估，可以全面了解法治传播活动的实际成效，并为后续的传播策略提供科学依据。评估指标的设计需要综合考虑不同受众的需求和社会背景，确保其具有广泛的适用性和准确性。这种全面而科学的评估方式，有助于提升法治传播活动的质量和影响力。

在评估过程中，实施反馈机制是促进法治传播内容和形式优化的重要手段。反馈机制的核心在于鼓励受众对传播内容和方式提出意见和建议。通过收集受众的反馈，传播主体可以更好地了解受众的需求和期待，从而对传播内容进行有针对性的优化，并创新传播形式。反馈机制不仅提高了传播的针对性和有效性，还增强了受众的参与感和认同感，推动了法治文化的深入传播。

成立跨部门合作评估小组是提升评估权威性和公信力的重要举措。通过整合法律、教育和社会服务等领域的资源，可以形成多方协作的评估机制。通过跨部门合作，不仅能够提供更加全面和专业的评估视角，还能确保评估结果的客观性和公正性。评估小组的多元化构成，有助于提升法治传播活动的整体水平，并为政策制定和实施提供有力的支持。通过这种协作机制，法治传播的效果评估将更加科学、权威，为推动法治社会的建设贡献力量。

第三章　法治宣传教育的实践模式

第一节　法治宣传教育的内容与方法创新

一、重点法律法规宣传内容

（一）新法解读

新法解读需要结合具体的社会和经济环境，分析法律出台的背景和目的，以便公众能够全面了解法律的内容和意义。这一过程需要法律专家和媒体的共同参与，以确保解读的准确性和权威性。新法解读的成功与否，直接关系到法律在社会中的接受程度和实施效果。

在进行新法解读时，核心原则和价值观的阐释是不可或缺的。法律的制定往往基于特定的社会价值观和伦理原则，这些价值观和原则不仅是法律的基础，也是法律实施的指导方针。通过解读法律中的核心原则，如公平、正义、平等等，可以帮助公众理解法律背后的理念和目标。这种解读不仅有助于提高公众的法律意识，也能够增强社会对法律的认同感和信任度。确保公众理解法律的社会主义核心价值观，是法治宣传教育的重要任务。

法律术语和概念的准确阐释是新法解读的关键。法律语言通常具有专业性和复杂性，这对普通公众理解法律内容构成了一定的障碍。因此，在新法解读中，需要对法律术语和概念进行通俗易懂的解释，使公众能够准确理解法律条款的具体含义。通过使用贴近生活的语言和例子，解读者可以帮助公众消除对法律的陌生感和畏惧感，从而提高法律知识的普及率。法律术语的准确阐释，有助于增强法律的透明度和可操作性。

新法解读对社会公众的影响和意义主要体现在增强法律意识和促进社会和谐方面。通过对新法进行解读，公众可以及时了解法律的变化和发展，从而调整自身行为，避免法律风险。新法解读还可以促进公众对法律的尊重和遵守，营造守法的法治氛围。此外，新法解读还能够促进公众参与法律的讨论和监督，推动法律的完善和发展。总之，新法解读不仅是对法律知识的传播，更是社会法治文化建设的重要组成部分。

在信息时代，新法解读的传播渠道与方式的创新显得尤为重要。传统的传播方式如报纸、广播等，已经不能满足公众对法律信息的多样化需求。因此，利用互联网、社交媒体、移动应用等新兴传播渠道，成为新法解读的重要方向。通过这些平台，法律信息可以更加迅速、广泛地传播到社会各个领域。此外，利用视频、动画、互动游戏等多媒体形式，可以增强新法解读的趣味性和互动性，提高公众的参与度和关注度。传播渠道与方式的创新，是提升法治宣传教育效果的关键。

（二）经典案例分析

案例分析往往涉及对具体法律问题的深入探讨，这种探讨不仅限于对法律条文的字面解释，还包括对法律适用环境、相关法律条款之间的关系以及司法实践中可能遇到的挑战的分析。通过对经典案例进行分析，公众可以更直观地看到法律在解决社会问题中的作用，进而增强法律意识和法律素养。这种方法不仅可以提升法治宣传的效果，还能激发公众对法律问题的兴趣和关注，形成良好的法治氛围。案例分析作为一种教育工具，其价值不仅在于传递法律知识，还在于培养公众的法律思维和判断能力。通过对案例进行深入分析，公众能够更好地理解法律在维护社会公正、促进社会和谐方面的作用，从而在日常生活中更自觉地遵守法律，维护自身的合法权益。

二、法治理念与价值观教育内容

（一）社会主义核心价值观传递

社会主义核心价值观的传递需要通过多种途径来实现，包括教育系统的课程设置、媒体宣传、社区活动等。多种途径的有效结合，能够帮助社会成员尤其是青少年树立正确的价值观念，增强法律意识和责任感。在现代社会，社会主义核心价值观的传递不仅要注重内容的丰富性和深度，还需考虑受众的接受能力和实际需求，以实现教育的最大化效能。

社会主义核心价值观的内涵丰富且深刻，涵盖了民主、法治、公平、正义等基本要素。社会主义核心价值观不仅是法律体系的道德基础，也是社会成员行为的准则。理解社会主义核心价值观的内涵有助于个体在日常生活中更好地践行法治精神。其重要性体现在其能够引导社会成员形成正确的道德判断，增强法律意识，有效地促进社会的稳定与发展。法治宣传教育通过对社会主义核心价值观进行深入解读，帮助受众在认知上形成共识，为构建法治社会奠定坚实的思想基础。

在法治宣传中，社会主义核心价值观的应用策略至关重要。有效的策略应包括多层次、多渠道的宣传方式，如利用新媒体技术进行广泛传播、通过案例分析增强说服力，以及在社区活动中融入法治元素等。此外，宣传内容应与时俱进，紧跟社会热点问题，使社会主义核心价值观的宣传更具现实意义和针对性。通过实施这些策略，社会主义核心价值观能够更深入人心，成为社会成员日常行为的指导原则。

法治教育是传播社会主义核心价值观的重要途径。学校教育是其中的基础环节，通过开设相关课程、组织法治讲座和模拟法庭等活动，学生能够在实践中加深对社会主义核心价值观的理解。此外，媒体宣传和社会活动也是重要的传播渠道。利用电视、网络和社交媒体等平台，可以实现社会主义核心价值观的广泛传播，提高公众的法律意识和道德水平。社区活动则通过实际参与和互动，增强了社会主义核心价值观的感染力和影响力。

社会主义核心价值观与公民法律意识之间存在着相互促进的关系。社会主义核心价值观为法律意识的形成提供了道德和思想基础，而法律意识的提升又反过来推动社会主义核心价值观在社会中的普及和深化。通过法治宣传教育，社会成员能够在理解社会主义核心价值观的同时，提升法律意识，更加自觉地遵守法律法规，履行社会责任。这种良性互动不仅促进了个人的全面发展，也为构建法治社会提供了强有力的支持。

（二）公民责任意识培养

培养公民的责任意识旨在使个体在法律框架内自觉履行社会义务，进而促进社会的稳定与发展。通过法治宣传教育，公民可以更深刻地理解法律的内涵与外延，从而在日常生活中自觉地遵循法律规定，履行公民义务。公民责任意识的培养不仅有助于提升个人的法律素养，还能营造社会的法治氛围，为构建和谐社会奠定基础。

公民责任意识指的是公民在法律和道德框架内，自觉承担社会责任的意识和行为。公民责任意识的重要性不仅在于其可以促进个体的自我完善，还在于其可以推动社会的进步与和谐发展。一个拥有强烈责任意识的公民，往往能够积极参与社会事务，关心公共利益，并在必要时为社会的进步贡献力量。公民责任意识的普及与提升，有助于形成良好的社会风气，减少社会矛盾与冲突，增强社会凝聚力。

通过法治宣传提升公民责任意识的方法多种多样。首先，政府和相关机构可以通过开展法治宣传活动，向公民普及法律知识，增强其法律意识。其次，教育机构可以在课程中融入法治教育内容，使学生从小树立正确的法律观念和责任意识。此外，利用媒体平台进行宣传也是有效的方式之一，通过生动的案例分析和法治故事，增强公民对法律的理解和认同。通过以上方法，公民责任意识可以得到有效的提升，从而促进社会的法治化进程。

公民责任意识与社会和谐发展的关系密不可分。一个注重责任意识的社会，往往能够实现良好的治理和秩序。公民在履行个人责任的同时，也在为社会的和谐发展贡献力量。责任意识的提升能够减少法律纠纷，降低社会治理成本，进而提高社会的整体效率与幸福感。法治宣传教育在这一过程中扮演着重要的角色，通过不断创新内容与方法，推动公民责任意识的提高，为社会的长远发展提供坚实的保障。

三、结合社会热点的宣传内容

（一）热点事件法律分析

在法治宣传教育中，热点事件的法律分析是一个重要的切入点。通过对社会热点事件进行法律分析，可以将抽象的法律条文与具体的社会现象相结合，使法律知识更加生动和具体。这种分析不仅能够帮助公众理解法律在现实生活中的应用，还能提高公众的法律意识和法治观念。热点事件往往涉及复杂的法律问题，通过分析这些问题，可以揭示法律的适用范围和边界，提高公众对法律体系的整体认识。

对热点事件的法律性质进行分析，是法治宣传教育的重要环节。每一个热点事件背后都涉及特定的法律性质，明确这一性质是进行法律适用的基础。通过分析热点事件的法律性质，可以确定适用的法律条款，并对事件的法律后果进行预测和解读。这一过程不仅有助于公众理解法律的逻辑和结构，也为法律的学习和研究提供了宝贵的案例素材。同时，适用法律的分析还可以揭示法律条文在不同情境下的适用效果，促进法律的灵活运用。

在法律适用过程中，争议和不同解读是不可避免的。热点事件由于其复杂性和广泛的社会影响，往往成为法律适用争议的焦点。通过对这些争议进行分析，可以展示法律解释的多元性和法律适用的灵活性。这不仅有助于公众理解法律的多层次性，也能够提高公众对法律问题的批判性思维能力。不同解读的存在，反映了法律作为一个动态系统的特性，为法治宣传教育提供了丰富的讨论素材。

公众对热点事件的法律分析表现出高度的关注，这种关注不仅体现在对事件本身的兴趣上，还体现在对法律适用过程的理解和对法律结果的期望上。通过分析公众的关注点，可以发现法律宣传教育的重点和难点，进而调整教育策略以便更好地满足公众的需求。公众的反应也反映出法律教育的效果，能够帮助教育者评估宣传教育的实际影响，并为未来的法治教育提供参考。

热点事件不仅是法律分析的对象，也是法律教育的重要资源。通过对热点事件的讨论和分析，可以有效地提升公众的法律意识和法治观念。热点事件往往涉及社会的普遍关注问题，通过法律教育，可以引导公众正确理解和运用法律，提升其法律素养。与此同时，热点事件的法律教育也促进了公众对法律制度的信任和支持，为法治社会的建设奠定了基础。这种教育模式强调实践与理论的结合，是法治宣传教育的重要创新。

（二）社会问题法律视角

在法治宣传教育中，结合社会热点从法律视角进行分析，能够有效提升公众对法律的理解和认同。社会问题往往涉及复杂的法律关系，通过法律视角的介入，可以为公众提供更加清晰的分析框架。法律视角不仅仅是对法律条文的简单解读，更是对社会现象的深层次剖析。从法律视角进行分析，能够帮助公众更好地理解法律在社会问题中的功能和作用，从而增强其法律意识和法治观念。在国内外比较的背景下，法律视角的引入还能够帮助公众理解不同法律制度下的社会问题处理方式及其效果。

社会问题的法律界定是法治宣传教育的重要内容之一。通过明确的法律界定，可以帮助公众识别哪些行为是法律所规制的，从而避免法律风险。法律界定不仅涉及对法律条款的理解，还包括对法律原则和精神的把握。在分析框架方面，法律提供了一套系统化的方法论，通过法律分析框架，能够对社会问题进行条理清晰的剖析。法律界定与分析框架的结合，使得法治宣传教育不再停留于对表面现象的简单描述，而是深入问题的本质，为公众提供科学的思考工具。

在法律视角下，社会问题的解决方案往往具有较强的规范性和可操作性。法律为社会问题的解决提供了基本的原则和路径，通过法律视角，可以为复杂的社会问题设计出合理的解决方案。这些方案不仅要符合现行法律制度，还要考虑到法律的未来发展趋势。法律视角下的建议往往具有前瞻性，能够为社会问题的长远解决提供指导。法治宣传教育通过传播这些解决方案和建议，能够引导公众以法律为依据，理性参与社会治理。

社会问题的出现往往对现有法律制度形成挑战，促使法律制度进行反思和调整。在法治宣传教育中，探讨社会问题对法律制度的影响，可以帮助公众理解法律制度的动态性和适应性。通过反思，法律制度能够不断完善，从而更好地应对新出现的社会问题。法治宣传教育通过揭示社会问题与法律制度之间的互动关系，能够增强公众对法律制度的信任感，并激发其参与法律制度建设的积极性。

法律宣传在社会问题的解决过程中扮演着重要角色。通过法律宣传，公众能够及时了解法律对社会问题的立场和态度，从而形成正确的法律认知。法律宣传不仅是对信息的传递，更是对法律文化的传播和对法律意识的培养。在社会问题的背景下，法律宣传的作用尤为突出，它能够引导社会舆论，促进法律的实施和遵循。法治宣传教育通过强化法律宣传的作用，能够有效提升公众的法律素养，推动社会问题的法治化解决。

四、互动式宣传教育方法

（一）角色扮演活动

在设计角色扮演活动时，需要遵循特定的原则和明确的目标设定。首先，活动设计应注重真实性和可操作性，以确保参与者能够在接近真实的法律情境中进行体验。其次，活动的目标应包括提高参与者的法律知识、培养法律思维能力以及增强法律意识等方面。最后，活动的设计应考虑到参与者的多样性，通过创设不同难度的问题情境，使各个层次的参与者都能有所收获。只有在科学合理的设计下，角色扮演活动才能真正发挥其在法治宣传教育中的作用。

在角色扮演活动中，参与者不仅是法律知识的接受者，还是法律知识的应用者。通过在模拟情境中扮演不同的法律角色，参与者能够将所学的法律知识应用于具体的案例中，这一过程有助于加深他们对法律条文和法律原则的理解。同时，角色扮演活动也为参与者提供了一个反思的平台，他们可以在活动后对自己的表现进行回顾和总结，分析自己在法律知识应用中的优势与不足。这种反思不仅有助于参与者巩固法律知识，还能促进其在日常生活中更好地遵循法律规范。

评估角色扮演活动对提升公众法律意识的效果是至关重要的。通过对参与者的法律知识水平、法律思维能力和法律意识的变化进行调查和分析，可以有效评估活动的效果。一般而言，参与者在经历角色扮演活动后，其法律知识和法律意识都会有所提升。此外，评估还应关注活动对参与者行为习惯的长期影响，观察他们在日常生活中是否更自觉地遵守法律。通过科学的评估方法，可以为角色扮演活动的进一步改进提供数据支持，从而不断优化法治宣传教育的实践模式。

（二）模拟法庭体验

通过模拟法庭，参与者能够在真实的法律情境中扮演不同的法律角色，从而在实践中理解法律的运作机制。这种体验式学习方法不仅能够激发参与者的兴趣，还能够通过角色扮演的方式，使其更深入地理解法律条文和司法程序。模拟法庭体验的设计通常涉及法律案件的选择、角色的分配以及对整个庭审流程的精确模拟，这些要素共同构成了一个完整的法律学习体验。

设计与实施模拟法庭活动需要详细的规划和准备。首先，场景布置是关键环节之一，必须尽可能地还原真实法庭的环境，以增强参与者的沉浸感。其次，角色分配是模拟法庭的重要组成部分，参与者通常需要扮演法官、律师、陪审团成员等角色，通过扮演这些角色，参与者能够从不同的视角理解法律程序。最后，程序安排需要严格遵循法律程序的规范，包括开庭陈述、证据展示、辩论和裁决等环节。通过这些精心设计的环节，参与者能够在模拟法庭中获得全面的法律实践体验。

在模拟法庭中，参与者通过扮演不同的法律角色，能够切身体验法律职业的工作内容和挑战。例如，担任律师的参与者需要进行开庭陈述、证据展示和辩护，担任法官的参与者则需要在庭审中保持公正，最终作出裁决。通过角色扮演的方式，不仅提高了参与者对法律程序的认知，还通过实际操作加深了其对法律条文和司法过程的理解。这种实践经验有助于参与者在现实生活中更好地理解和遵守法律。

评估模拟法庭体验的法律知识传播效果是确保其教育价值的关键。通常，通过对参与者的反馈调查和法律意识提升的具体指标来进行评估。参与者反馈可以提供关于活动设计和实施的直接意见，帮助改进未来的活动。同时，法律意识提升可以通过参与者在法律知识测试中的表现、对法律程序理解的深度以及对法律职业的认同感等指标来衡量。这些评估结果可以指导未来模拟法庭活动的优化，以提高其教育效果和社会影响力。

模拟法庭活动具有的互动性和参与感是其成功的关键因素。通过让参与者主动参与到法律程序中，能够使其直观地感受到法律的严谨性和公正性。这种亲身体验不仅提高了参与者对法律职业的理解，还增强了其对法治的认同感。参与者在活动中获得的法律知识和实践经验，有助于其在日常生活中更好地理解和支持法治原则，从而促进整个社会的法治文化建设。通过模拟法庭体验，公众能够更清晰地认识到法律在维护社会秩序和保障公民权利中的重要作用。

第二节　法治宣传教育的渠道与平台建设

一、传统媒体渠道的运用

（一）报纸的宣传作用

报纸能够广泛传播法律知识，增强公众的法律意识。报纸具有的覆盖面广、受众基础庞大等特点，使其在信息传播上具有独特的优势。通过报纸，可以将法律知识迅速传达到各个社会阶层，帮助公众更好地理解和运用法律知识，提升法律意识和法治观念。

报纸的时效性是其另一大优势。它能够及时报道与法律相关的热点事件，帮助公众理解法律适用与社会现象之间的联系。即时性的信息传播不仅能够让公众快速获取法律信息，还能通过对事件的深入剖析，引导公众思考法律背后的社会问题和法律适用的具体情境，从而提高公众的法律素养和社会责任感。

报纸通过专题报道和评论文章，能够深入探讨法律问题，促进公众对法律的深入思考与讨论。专题报道通常会选择社会关注度高的法律议题，通过多角度、多层次的分析，揭示法律问题的本质和解决路径。评论文章则从专家视角，对法律事件进行深度解读，帮助读者形成理性、客观的法律观念，推动法律知识的普及和法律文化的传播。

报纸的权威性和可信度使其成为法律宣传的重要渠道，能够有效引导公众对法律的正确认识与理解。作为传统媒体，报纸拥有长期积累的信誉和公信力，其发布的信息往往被视为权威和可靠。这种特性使得公众在获取法律信息时更倾向于通过报纸进行了解，从而确保了法律宣传的准确性和有效性，帮助公众树立正确的法律观念。

报纸在法治宣传中还可以通过与法律专家的合作，提供专业解读和法律咨询，提升法律知识的传播质量。通过邀请法律专家撰写专栏文章或进行法律问答，报纸能够为读者提供更为深入和专业的法律知识。这种合作不仅提升了报纸内容的专业性，也为公众提供了获取法律咨询的渠道，进一步推动了法律知识的普及和法治文化的建设。

（二）广播的传播优势

广播具有的即时传播特性使其能够迅速将法律信息传递给广泛的受众，这种快速传播的能力极大地增强了法律知识普及的效果。通过广播，可以在第一时间将法律信息传递给广大听众，使得公众在最短时间内获得最新的法律动态和相关知识，这对于提高公众的法律意识和法律素养具有重要意义。

广播的传播方式为法律宣传增添了更多的亲和力。通过语音传达，广播不仅能够传递法律信息，还能通过语气和情感的表达增强听众的参与感。声音的温度和情感色彩能够使法律条文不再冷冰冰，而是变得生动、易于理解。这种情感化的传播方式有助于拉近法律与公众之间的距离，提高法律宣传的效果。

广播可以通过访谈、讨论等多种形式，邀请法律专家和从业人员参与其中，提供专业的法律解读。这种形式的参与不仅提升了法律宣传的权威性，也为听众提供了一个获取专业法律知识的平台。专家的参与使得法律知识的传播更具深度和广度，满足了公众对法律知识的多层次需求。

广播具有的灵活性使其能够根据不同受众的需求，定制多样化的法律节目内容。无论是面向青少年的法律常识普及，还是针对企业的法律风险防范，广播都可以灵活调整节目内容，以满足不同群体对法律知识的需求。这种灵活性不仅提高了法律宣传的针对性，也增强了受众的接受度和参与度。

广播能够结合社会热点话题，对法律知识进行宣传与讨论，这种与时俱进的传播方式能够帮助公众更好地理解法律在实际生活中的应用与意义。通过对热点事件的法律分析，广播不仅提高了公众对法律的关注度，也促进了公众对法律的深入理解。通过结合社会热点的法律宣传方式，既增强了节目的吸引力，也提高了法律知识的普及效果。

（三）电视节目的影响力

通过生动的视觉效果和情感传递，电视节目可以将复杂的法律概念转化为易于理解的内容，使公众能够更直接地感受到法律的存在和作用。通过视觉和情感的结合，有助于消除法律知识的晦涩感，使得法律宣传更具亲和力和可接受性。电视节目以其直观的表现形式，成为法治传播的重要工具。

电视节目通过邀请法律专家和从业人员参与讨论，进一步提升了法律信息的权威性。专家的深入解读和专业建议，不仅为观众提供了可靠的信息来源，也增强了法律宣传的可信度。这种权威性的建立，对于提高公众对法律信息的信任度至关重要。专家的参与使得法律讨论更加深入，观众能够从中获得更全面的法律视角和更专业的法律建议，进而提升整体法律素养。

电视节目可以通过引入娱乐元素来扩大受众范围。戏剧化的法律情节、真实案例的再现等手法，能够吸引那些平时对法律问题不太关注的观众，从而扩大法律宣传的覆盖面。通过这种方式，法律知识得以在更广泛的社会层面传播。娱乐元素的加入，不仅增加了节目的趣味性，也在潜移默化中增强了观众的法律意识。

电视节目的互动性为观众提供了参与法律讨论的机会。通过观众热线和社交媒体反馈，观众能够直接与节目进行互动，提出法律问题并获得解答。这种互动形式不仅提高了观众的参与感，也使法律宣传更具影响力。观众的积极参与，不仅反映了其对法律问题的关注，也促进了法律知识的传播和普及。电视节目具有的互动性，是法治宣传教育效果增强的重要因素。

二、新媒体平台的打造

（一）社交媒体的互动性

社交媒体平台具有的实时互动功能为法治宣传教育提供了前所未有的便利。公众可以通过这些平台即时反馈法律宣传内容，这种互动性不仅加速了法律知识的传播，还促进了法律议题的广泛讨论。通过评论、点赞和分享等方式，用户能够快速表达对法律内容的理解和疑问，使法律宣传不再是单向的信息传递，而是一个动态的交流过程。这样的互动模式有助于提升公众的法律素养，使法律知识更贴近生活，增强法律宣传的时效性。

社交媒体的多样化内容形式是其吸引力的重要来源。通过短视频、图文以及直播等多种形式，使得法律宣传内容更具吸引力和趣味性，能够满足不同受众的需求。短视频可以通过生动的视觉效果和简洁的语言传递复杂的法律概念，图文结合的方式则有助于更深入地解析法律条款和案例。直播功能则为法律专家提供了实时解答公众疑问的平台，增强了法律宣传的互动性和即时性。多样化的内容形式不仅丰富了法律宣传的内容，也提高了公众的参与度和接受度。

社交媒体的分享机制在扩大法律宣传覆盖面方面发挥了关键作用。用户可以通过简单的操作将法律知识分享至更广泛的社交网络，从而实现法律知识的裂变式传播。这种分享机制不仅提高了法律宣传的效率，也增强了公众的法律意识。在分享的过程中，用户还可能添加自己的观点和评论，这进一步丰富了法律宣传的内容层次。通过这种方式，法律知识不仅得以扩散，还得到了公众的多维度解读。

社交媒体平台的群组与社群功能为法律专家和公众之间的交流提供了便捷的渠道。通过加入与法律相关的社群，公众可以直接与法律专家进行交流，获得专业的法律建议和解答。这种直接的沟通方式不仅提高了法律宣传的专业性，也增强了公众对法律问题的理解和关注。社群功能的存在，使得法律宣传不再局限于单向的知识传递，而是形成了一个多向互动的知识共享平台，为法律问题的讨论与解答提供了新的可能。

社交媒体的舆论引导能力在处理社会热点法律问题时表现突出。平台能够及时回应社会热点法律问题，帮助公众正确理解法律适用与社会现象之间的关系。这种引导能力不仅有助于澄清公众的误解，还能够引导公众对法律问题进行理性思考。社交媒体具有的舆论引导能力，使其成为法律宣传的重要渠道，帮助公众在复杂的社会现象中找到法律的定位和意义，从而提升公众的法律素养和社会责任感。

（二）移动应用的便捷性

随着智能手机的普及，移动应用成为法律服务的重要载体，为用户提供了一种便捷的法律咨询途径。无论身在何处，用户都可以通过移动应用获取法律帮助，这种随时随地的服务模式显著提升了法律服务的可及性。用户可以在应用中查询法律问题、获得专业解答，甚至在紧急情况下可以获得法律援助，极大地满足了公众对法律服务的即时需求。

通过移动应用，用户不仅能够进行法律咨询，还能参与在线法律知识学习和测试。这种学习方式打破了传统的时间和空间限制，使得法律教育更加灵活和高效。用户可以根据自己的时间安排，随时进行法律知识的学习和测试，逐步增强自身的法律意识与知识水平。移动应用提供的互动学习平台，使得法律知识的传播更加生动有趣，提升了用户的学习积极性和参与度。

移动应用还集成了法律法规查询功能，用户只需输入关键词，即可快速找到相关法律条款。这样的设计大大节省了用户查找法律信息的时间与精力，提升了法律信息获取的效率。这一功能对于法律专业人士和普通用户而言，具有重要意义，可以帮助他们在复杂的法律环境中迅速找到所需的信息，支持其法律实践和决策。

移动应用的推送通知功能，确保用户能够及时收到法律动态和重要信息。这一功能保证了公众对法律事务的持续关注与了解，帮助用户在快速变化的法律环境中保持信息更新。通过定期推送法律新闻、法规变动、案例分析等内容，移动应用有效地提高了法律宣传的广度与深度，增强了公众的法律参与意识。

移动应用通过用户反馈和数据分析，能够持续优化法律宣传的内容和形式。这种动态调整机制使法律教育更具有针对性与有效性。应用开发者可以根据用户的使用习惯和反馈意见，不断改进应用的功能和内容，确保法律宣传能够真正满足用户的需求，推动法治宣传教育的深入发展。

（三）网络视频的传播力

网络视频通过生动的视觉元素和音频效果，使复杂的法律知识变得更加直观易懂。这种多感官的刺激方式不仅能够吸引观众的注意力，还能够增强其理解力和记忆力。与传统的文字或口头传播方式相比，网络视频可以更有效地传递信息，尤其是在法律条文晦涩难懂的情况下，通过视频的演绎可以使法律概念更加清晰明了。这种直观的传播方式在法治教育中，尤其是面向普通公众的法律知识普及中，具有不可替代的优势。

现代社会的快节奏生活方式要求信息传播的效率更高。而网络视频以其短小精悍的内容形式，能够快速传递法律信息，满足了这一要求。人们可以在短短几分钟内获取必要的法律知识，这种高效的传播方式极大地提升了法律宣传的效率。通过网络视频，法律宣传可以在短时间内覆盖更广泛的受众群体，尤其是在年轻人中，这种形式的传播更容易被接受和喜爱。网络视频具有的快速传播特性，使其成为现代法治宣传教育中不可或缺的工具。

网络视频的分享功能是其传播力的重要组成部分。用户可以通过社交平台分享视频，这使得法律知识能够迅速传播开来，扩大法律宣传的影响力与覆盖面。通过这种方式，法律知识不仅能够在原有的观众群体中传播，还能通过观众的社交网络进一步扩散，实现倍增效应。这种分享机制使得每一个观众都成为法律知识的传播者，极大地提升了法律宣传的广度和深度。

互动性是网络视频在法律宣传中的显著优势。通过网络视频的评论区和投票功能，传播者可以鼓励观众积极参与讨论，增强法律宣传的互动性和参与感。这种互动不仅可以激发观众对法律问题的兴趣，还可以通过讨论加深对法律知识的理解。在法治教育中，互动能够提高观众思考和辨析的能力，帮助他们更好地理解法律的内涵和意义。这种互动式的传播方式，使得法律宣传更加生动有趣。

网络视频平台具有的智能化特性为法律宣传的优化提供了新的可能。平台能够根据用户的观看行为和反馈数据，持续优化内容推荐，提升法律宣传的针对性与用户体验。这种数据驱动的优化机制，使得法律宣传能够更精准地触达目标观众，满足不同受众的需求。同时，通过对用户行为的分析，平台可以不断改进视频内容的制作和呈现方式，确保法律宣传的内容更加贴合观众的兴趣和关注点。这种智能化的内容管理方式，为法治宣传教育的实践提供了新的思路和方法。

三、线下活动平台的构建

（一）法治讲座的组织

在构建线下活动平台时，法治讲座的设计与实施需兼顾内容的深度与形式的多样性，以满足不同受众的需求。讲座的主题选择应紧密结合社会热点与公众关注，确保内容的相关性与吸引力。通过选择与公众日常生活密切相关的话题，如网络安全、消费者权益保护等，能够有效激发参与者的兴趣和参与热情。此外，讲座内容的设计应当兼顾理论与实践，帮助听众将法治理念应用到实际生活中。

讲座的讲师选择是影响讲座效果的关键因素之一。理想的讲师应具备深厚的专业知识和丰富的实践经验，这不仅能够提升讲座的权威性和可信度，也使得讲座内容更具实用性和指导性。经验丰富的讲师能够通过生动的案例分析和深入的法律解读，使听众更易于理解复杂的法律概念。同时，讲师的表达能力和互动技巧也是影响讲座效果的重要因素，良好的表达能力和有效的互动技巧能够有效地促进听众的参与和交流。

为了扩大法治讲座的影响力，宣传渠道的选择与运用至关重要。线上与线下相结合的宣传策略能够最大化信息的传播范围。利用社交媒体平台进行线上推广，可以迅速吸引年轻群体的关注，线下社区公告及与学校的合作则有助于吸引更多的本地居民参与。此外，讲座的时间和地点选择也应充分考虑目标受众的便利性，以提高参与度和覆盖面。

讲座结束后，设立反馈机制是活动持续改进的重要步骤。通过收集参与者的意见与建议，组织者可以了解讲座的优缺点，从而在后续活动中进行调整和优化。反馈机制不仅有助于提高讲座的质量和效果，也有助于增强参与者的满意度和忠诚度。通过不断的反馈和改进，法治讲座可以更好地满足受众的需求，推动法治宣传教育的深入开展。

（二）法治展览的策划

在策划法治展览时，主题设计至关重要，应当围绕当前社会热点和法律问题展开，以确保展览内容与公众的实际需求紧密结合。这不仅能够提高公众的关注度，还能够使法律知识的传播更加有效。通过选择贴近生活的法律主题，能够吸引更多的公众参与展览，促进其对法律的理解和认同。

展览内容的设计应注重多样性和互动性。通过法律法规的图文展示，参与者可以直观地了解到法律条文及其应用。此外，互动体验区和法律知识问答环节的设置，能够有效增强参与者的互动性和参与感。这种多元化的展示方式，不仅能够提高公众的参与热情，还可以帮助他们在互动中加深对法律的理解。这种体验式学习模式，能够有效地将法律知识内化为公众的法律意识，促进法治文化的传播。

展览场地的选择是策划中的关键环节。为了吸引更多的公众参与，场地的交通便利性和人流量是重要的考量因素。选择人流密集且交通便利的地点，可以有效提升法治宣传的覆盖面，扩大展览的影响力。此外，场地的选择还应考虑展览内容的展示需求，确保展览能够以最佳的形式呈现。通过合理的场地选择，法治展览能够在更大范围内传播法律知识，提升公众的法律素养。

展览期间，组织法律专家进行现场讲解和互动，是增强展览权威性和教育效果的有效手段。法律专家的专业解读，不仅能够为参与者提供更深入的法律知识，也能够解答其在参观过程中产生的疑问。这种现场互动，不仅提高了展览的专业性，还增强了公众对法律的信任和尊重。通过专家的引导，公众能够更深入地理解法律的内涵和适用性，从而在日常生活中更好地运用法律知识。

展览结束后的评估机制是优化法治展览策划与实施的重要工具。通过参与者的反馈和问卷调查，可以收集到关于展览内容、形式和效果的宝贵意见。这些反馈不仅有助于识别展览中存在的问题，也为未来展览的改进提供了方向。通过不断的评估和优化，法治展览能够更好地满足公众的需求，提高法律知识的传播效果，推动法治文化的广泛传播。

（三）法治工作坊的实施

法治工作坊能够为参与者提供一个真实的环境，使参与者在实际情境中进行面对面的互动和讨论，以增强其法律意识和法律能力。法治工作坊是通过互动和参与，来激发参与者的思考和讨论，从而实现法律意识的提升，而不仅仅是法律知识的单向传递。工作坊的设计通常结合具体的法律主题，以案例分析的方式引导参与者进行深入探讨。这样的形式不仅能加深参与者对法律问题的理解，还能通过实际操作提升他们的法律实践能力。

在法治工作坊的目标设定中，涵盖了提升法律意识、增长法律知识和培养法律实践能力等多维度的目标。这些目标的设定不仅是为了提高参与者的法律素养，还是为了在更广泛的层面上推动法治文化的传播。通过设定具体的学习目标，工作坊能够引导参与者从不同角度理解法律的意义，并在日常生活中运用所学知识。多维度的目标设定还可以确保活动的全面性，使参与者在法律知识的学习中能够得到全方位的发展，从而在实践中更好地维护自身的合法权益。

法治工作坊的参与者筛选与招募是确保活动效果的重要环节。通过精心设计的筛选机制，工作坊能够吸引并涵盖不同年龄、职业和法律背景的群体参与。这种多样化的参与者构成不仅能够促进不同观点的交流和碰撞，还能通过多元化的互动增强学习效果。在招募过程中，应充分考虑参与者的法律基础和学习需求，以便在活动中提供更有针对性的内容。同时，通过多样化的参与者选择，工作坊也能够在更广泛的社会层面上实现法治教育的普及与推广。

为了确保法治工作坊的持续改进与优化，评估与反馈机制是必不可少的。通过参与者的问卷调查和互动讨论，工作坊能够收集到关于活动内容、形式以及组织方面的意见和建议。这种反馈不仅能帮助组织者发现活动中存在的不足之处，还能为后续活动的改进提供重要参考。评估机制的有效实施能够确保工作坊在每次举办中都能更上一层楼，从而在长期内不断提高法治宣传教育的质量与效果。

法治工作坊的宣传与推广策略对于活动的成功举办至关重要。利用社交媒体、社区公告和合作机构进行广泛宣传，能够吸引更多公众参与，提高法律知识的普及度。通过多渠道的宣传，工作坊能够在更大范围内引起关注，从而吸引更多的潜在参与者。同时，与合作机构的联合推广也能提高活动的公信力和影响力，使更多的人了解并参与到法治教育的活动中。通过有效的宣传与推广策略，法治工作坊能够在社会上形成良好的口碑，进而推动法治文化的广泛传播。

四、社区宣传教育渠道

（一）社区法治讲堂

社区法治讲堂的主题应贴近居民生活，围绕他们关心的法律问题展开，如婚姻家庭纠纷、劳动者权益保护、消费者权益保护等。这种针对性强的内容设计能够有效提升居民的法律意识，使他们在日常生活中更好地运用法律武器保护自身权益。此外，讲堂还可以邀请法律专家、律师等专业人士进行讲解，以确保内容的权威性与准确性。

法治讲堂的设计应充分考虑社区的实际情况，可以在讲堂中加入互动环节以活跃气氛。例如，可以设置法律知识问答或小组讨论，让参与者在轻松的氛围中学习法律知识。这种互动不仅增强了居民的参与感，也能加深他们对法律问题的理解。同时，互动环节还能激发居民提出自身遇到的法律困惑，专家可以现场解答，从而提升讲堂的实用性。通过这种方式，法治讲堂不仅是一个传授知识的场所，还是一个社区居民交流法律经验的平台。

为了确保社区法治讲堂的影响力，定期举办是非常必要的。通过社区宣传渠道，如公告栏、社区微信群、广播等，广泛传播活动信息，以确保不同年龄和背景的居民都能知晓并参与到活动中。定期地举办讲堂不仅能持续提升居民的法律素养，还能形成社区良好的法治氛围。此外，定期的活动安排也便于居民将其纳入日常生活计划中，提高参与的可能性与积极性。

每次法治讲堂结束后，收集参与者的反馈是优化活动的重要步骤。通过问卷调查或现场访谈来了解居民对讲堂内容、形式的意见与建议，评估活动效果。这些反馈信息可以帮助组织者不断改进讲堂的内容和形式，使其更加贴近居民的实际需求。通过循环反馈机制，社区法治讲堂的质量和影响力将不断提升，最终实现居民法律意识的普遍提高和社区法治文化的深入人心。

（二）法治宣传栏

法治宣传栏的设计应当简洁明了，以便法律信息的传播和居民的理解。通过直观的设计，法治宣传栏能够吸引居民的关注，使法律知识更易于被居民接受和内化。简洁的设计不仅能够提高信息的可读性，还能使居民在有限的时间内获取到更多的法律知识，从而提升其法律意识和法治观念。

为了保持法治宣传栏的吸引力和时效性，内容的定期更新是必不可少的。宣传栏应涵盖最新的法律法规和社会热点问题，以确保信息的新鲜感和时效性。通过及时更新宣传栏内容，能够使居民了解到最新的法律动态和社会变化，增强其对法律的敏感性和认知度。这种动态的信息传递方式有助于提高居民对法治宣传栏的关注度和参与度，从而达到更好的宣传效果。

采用图文并茂的方式展示法律知识，是提高居民参与感和学习兴趣的有效途径。通过将生动的图片和简明的文字相结合，可以将复杂的法律条款转化为易于理解的内容，使居民在轻松的氛围中学习法律知识。这种方式不仅能够吸引居民的注意力，还能激发他们的学习兴趣，进而增强法治宣传的有效性和影响力。

法治宣传栏应设置互动环节，如法律知识小测试或意见反馈箱，以鼓励居民参与讨论和提出问题。通过设置互动环节，能够使居民更加主动地参与到法治宣传活动中，增强对法律知识的理解和记忆。同时，这种参与式的学习方式也有助于提高居民的法律素养和问题解决能力，促进社区法治文化的建设。

为了确保法治宣传栏能够覆盖更广泛的受众，应在社区内选择人流密集的区域进行设置。通过在这些区域布置宣传栏，能够最大限度地提高法律知识的传播范围，确保更多的居民能够接触到相关的法律信息。这种策略不仅能够提高法治宣传的覆盖面，还能增强居民的法律意识和法治观念，为构建和谐社区提供有力的支持。

（三）志愿者法治服务

志愿者法治服务的组织与管理是成功开展相关活动的基础。通过系统化的流程，包括志愿者的招募、培训及活动安排，确保志愿者能够高效地开展工作，以达到提升法治宣传的效果。志愿者的招募通常需要明确的标准，以确保其具备基本的法律知识和良好的沟通能力，培训则通过系列课程和实践活动，帮助志愿者掌握必要的法律技能和宣传技巧。

志愿者在法治宣传中的角色与功能尤为重要。他们不仅是法律知识的传播者，还是连接法律与社区的桥梁。通过志愿者的努力，法律知识能够更为广泛地传播至社区的各个角落。志愿者在活动中通过面对面的交流，帮助社区居民理解法律条款，提升他们的法律意识。同时，志愿者还可以收集社区居民的法律需求和反馈，为进一步完善法治宣传策略提供宝贵的参考。志愿者的多样化角色使得法治宣传教育更具活力和针对性，能够更好地满足社区的实际需求。

志愿者法治服务的活动形式多样化，能够满足不同社区的需求是其一大特色。通过法律咨询、法律知识普及，以及法律援助等形式，志愿者能够针对不同的法律问题提供个性化的服务。法律咨询活动让居民在面对法律难题时能够获得专业的指导，而法律知识普及活动则通过讲座、宣传册等方式提升公众的法律意识。法律援助活动则为有需要的居民提供免费的法律支持，帮助他们维护合法权益。多样化的活动形式不仅丰富了法治宣传的内容，也提高了社区居民参与的积极性。

志愿者法治服务的评估机制是确保服务质量与效果的重要手段。通过参与者反馈与社区反响，志愿者组织能够及时了解活动的效果和存在的问题，从而进行有针对性的改进。评估机制通过问卷调查、座谈会等方式，来收集参与者的意见和建议。通过对评估结果进行分析，志愿者组织可以动态调整活动内容和形式，提升服务的针对性和有效性。持续的评估和改进是志愿者法治服务不断发展的动力源泉，确保其始终能够满足社区的法治需求。

志愿者法治服务的宣传策略对提高志愿者参与度及公众法律意识起着关键作用。利用社交媒体和社区活动，志愿者组织能够更广泛地传播法治宣传的信息，吸引更多的志愿者加入，并提高公众对法律知识的关注度。社交媒体作为现代信息传播的重要平台，可以通过图文、视频等多种形式，生动形象地传递法律知识。社区活动则为居民提供了面对面交流的机会，增强了法治宣传的互动性和参与感。通过多渠道、多形式的宣传策略，志愿者法治服务能够更有效地提升公众的法律意识和参与热情。

五、学校宣传教育渠道

（一）法治课程设置

法治课程设置不仅涉及课程内容的科学性和系统性，还应考虑学生不同学习阶段的认知能力和接受程度。通过合理的课程安排，学生能够在潜移默化中接受法治教育，增强法律意识。课程的设置需紧密结合国家法律法规的最新发展，以确保课程内容的时效性和权威性。此外，课程内容还应涵盖法律基础知识、法律思维方式以及法律在日常生活中的应用等多方面内容，从而为学生提供全面的法律教育。

法治课程的目标设定是整个课程设计的核心环节。其根本目标在于培养学生的法律意识与法律素养，使学生能够在日常生活中自觉遵守法律法规。具体而言，课程目标应包括提高学生对法律的基本了解，增强他们辨别是非的能力，以及培养他们的法律责任感和社会责任感。在制定目标时，还需考虑到学生的年龄特点和心理发展阶段，以确保目标的可达性和适用性。通过明确的目标设定，学生不仅能够在课堂上学习法律知识，还能在实践中践行法治精神。

在法治课程的教学中，采用多样化的教学方法是提高课程效果的关键。传统的讲授法虽然能够系统地传授法律知识，但互动式、体验式等教学手段更能激发学生的学习兴趣和主动性。例如，通过模拟法庭、角色扮演等方式，学生可以在真实情境中运用所学的法律知识，进而加深对法律知识的理解和记忆。此外，案例分析也是一种有效的教学方法，通过对典型案例的分析，学生能够更好地理解法律的实际应用和法律原则的内涵。多样化的教学方法能够有效地提升学生的法律素养和实践能力。

评估机制是法治课程实施效果的重要保障。传统的考试模式主要考查学生的理论知识，而现代法治课程的评估更加注重学生的实践能力和综合素质。因此，评估机制应包括笔试、口试、实践操作等多种形式，以全面考查学生的法律知识掌握程度和实际应用能力。通过案例分析、模拟法庭表现等实践环节，评估学生在复杂情境中的法律思维能力和决策能力。此外，评估还应关注学生在学习过程中的态度和参与度，以激励学生积极参与课程活动。

师资培训是法治课程成功实施的基础保障。教师不仅需要具备扎实的法律知识，还需要具备良好的教学能力和教育理念。为此，学校应定期组织法律知识培训和教学方法研讨，以提升教师的专业水平和教学能力。通过与法律实践机构的合作，教师还可以获得更多的实践经验，从而在教学中更好地结合理论与实践。此外，教师还应不断更新法律知识，以适应法律法规的变化和课程内容的更新。通过系统的培训，教师能够更好地引导学生理解和运用法律知识。

（二）校园法治活动

通过开展多样化的活动，如法治知识竞赛、模拟法庭和法律辩论等，能够有效地提高学生的参与度和兴趣。这些活动不仅仅是对知识的传递，更为学生提供了体验法律实践、理解法律程序的机会。通过创设真实的法律情境，学生可以在实践中感受法律的严谨性和公正性，从而增强其对法律的敬畏与理解。

邀请法律专家、律师及法官等专业人士参与校园法治活动，可以显著提升活动的权威性和教育效果。专家的专业知识和实践经验能够为学生提供更深刻的法律理解和启发。通过与专业人士的互动，学生能够更直观地认识法律的实际运用和重要性，这种直接的接触对于培养学生的法治观念和法律素养具有不可替代的作用。

为了确保校园法治活动的实用性与针对性，活动的设计应结合学生的实际生活与社会热点。通过选择贴近学生生活的主题，能够使学生将所学法律知识应用于实际问题的解决中，从而提高法律知识的实用性。同时，关注社会热点问题也能激发学生的思考与讨论，培养其批判性思维和社会责任感。

活动结束后，设立反馈机制以收集学生的意见与建议是提高法治教育质量的重要环节。通过反馈，教育者可以了解活动的效果和不足之处，从而不断改进活动内容和形式。学生的反馈不仅是对活动的评价，更是对法治教育未来发展的指引，使其更符合学生的需求和社会的发展。

鼓励学生自主组织法治活动，如成立法治社团或参与法律志愿者服务，有助于培养他们的法律意识和社会责任感。自主组织的活动不仅可以增强学生的组织能力和领导力，还能让他们在实践中更深入地理解法律的意义和价值。对学生自主性和参与感的培养，对于学生未来在法治社会中的发展具有重要意义。

（三）学生法治社团

通常，学生法治社团会设立明确的组织架构，包含社长、副社长、秘书长等职务，每个成员都有清晰的角色分配与职责划分。这种结构不仅有助于社团内部的有效沟通与协作，也为成员提供了锻炼领导能力的机会。通过合理的管理模式，社团能够在有限的资源下实现高效运作，确保各项活动的顺利开展。

学生法治社团的活动内容设计是其核心组成部分，直接关系到学生法律实践能力的提升。社团活动的形式多种多样，包括但不限于法律知识普及讲座、法律实务模拟以及社会服务等。这些活动的开展不仅可以帮助学生加深对法律概念的理解，还通过模拟法庭等实践活动提升其法律应用能力。此外，社团还会结合当前社会热点，设计相关主题活动，使学生能够在理论与实践的结合中更好地理解法律的实际运用。通过多样化的活动安排，能够极大地丰富学生的法律学习体验。

在校内外合作方面，学生法治社团积极拓展合作策略，形成了与法律专业机构、社区组织的良性互动。通过与这些机构的合作，社团成员有机会参与到更为专业的法律实践中，开阔法律视野。例如，社团可以邀请法律专家举办专题讲座，或组织学生参与社区法律服务活动。这种合作不仅为学生提供了实践机会，也为社团活动注入了新的活力，提升了活动的影响力和专业性。

学生法治社团的宣传与推广方式对于吸引更多学生参与至关重要。利用校园媒体、社交平台等渠道，社团可以有效提高知名度和参与度。通过定期发布活动资讯、成员心得等内容，社团能够在校园内外树立良好的形象，吸引更多对法律感兴趣的学生加入。此外，社团还可以通过举办公开活动或参与校园大型活动，提高自身的曝光率和影响力。这种多渠道的宣传方式，能够有效地扩大社团的影响力。

为了持续提升社团活动的质量与影响力，学生法治社团建立了评估与反馈机制。通过定期收集成员意见及活动效果的评估结果，社团能够及时发现问题并进行调整。这种机制不仅有助于优化活动设计，还能增强成员的参与感和归属感。通过对活动的深入分析，社团能够总结经验教训，为未来活动的策划提供依据。这种持续改进的过程，确保了学生法治社团能够在不断变化的环境中保持活力与创新。

第三节　法治宣传教育资源的整合与利用

一、社会组织资源整合

（一）社会组织的协作机制

社会组织应建立定期沟通机制，以确保信息的及时共享和协作的顺畅进行。通过这种机制，社会组织能够在法治宣传教育中形成合力，避免资源的浪费与重复投入。同时，定期的沟通机制还可以帮助各组织及时了解法律法规的最新变化，以便在宣传中准确传达信息。通过有效的沟通，社会组织可以在法治宣传中发挥更大的作用，提升整体的宣传效果。

资源共享与合作项目的开展是社会组织整合优势资源的重要途径。各社会组织在法治宣传中具备不同的专长和资源，通过合作，能够实现资源的最优配置。例如，一些组织可能拥有丰富的法律专业知识，而另一些组织可能在社区拥有广泛的联系网络。通过资源共享，社会组织可以在法治宣传中实现多样化和广泛覆盖，确保更多的公众能够接触到法治教育的核心内容。这种合作不仅能够提升宣传的广度，还能增加宣传的深度。

社会组织应积极参与法治宣传活动的策划与实施，充分发挥其在社区中的影响力。社会组织通常在社区中具有较强的认同感和号召力，这使得它们能够在法治宣传中更有效地动员公众参与。通过开展各类法治宣传活动，如讲座、研讨会和法律咨询等，社会组织能够直接促进公众的法律意识。尤其是在基层社区，社会组织的参与能够弥补政府法治宣传的不足，增强法治宣传的实际效果。

建立评估与反馈机制是社会组织提升法治宣传教育效果的关键。通过参与者的反馈和数据分析，社会组织可以对法治宣传的内容和形式进行持续的改进。评估机制能够帮助社会组织了解宣传活动的实际效果，识别出存在的问题和改进的空间。例如，参与者的反馈可以揭示出哪些法律主题最受关注，哪些宣传形式最受欢迎，从而指导社会组织在未来的宣传中更有针对性地开展活动。通过不断的评估与反馈，社会组织能够在法治宣传中保持活力和创新，确保教育效果的持续提升。

（二）社会资源的网络构建

建立跨行业的法律服务网络是重要策略之一。通过这一网络，法律专业人士能够与社会组织密切互动与合作。跨行业的协作不仅能提升法治宣传的专业性，还能确保信息的准确性和权威性。在这一过程中，法律服务网络的构建需要综合考虑不同领域的特点和需求，以便形成一个高效的合作平台。这种合作模式不仅有助于资源的优化配置，还能促进法律知识的传播与普及，为公众提供更加专业和可靠的法律服务。

信息技术的应用为社会资源网络的构建提供了新的可能性。通过构建法律知识共享平台，公众可以更加便捷地获取法律信息和资源。该平台的建立，不仅提高了法律服务的可及性，还增强了信息的透明度，使得公众能够更好地了解和运用法律。将技术与法律相结合，有助于打破信息壁垒，实现资源的高效整合与利用。法律知识共享平台的设计需要注重用户体验，确保信息的易获取性和实用性，从而更好地服务于社会大众。

组织定期的法律知识交流活动是促进社会组织与法律专家之间经验分享的重要途径。法律知识交流活动不仅为法律专家提供了展示和交流的平台，也为社会组织提供了获取专业知识和资源的机会。通过开展交流活动，法治宣传的创新性和时效性得以提升。活动的组织应综合考虑参与者的多样性和需求，确保交流的内容具有实用性和针对性。通过经验的分享与资源的整合，能够形成一个良好的互动氛围，为法治宣传教育的深入开展奠定基础。

构建多元化的社会资源合作模式是推动法治宣传教育广泛覆盖的有效策略。通过整合高校、企业、社区等多方资源，可以构建一个多层次、多维度的合作网络。这种合作模式不仅能够动员各方力量参与法治宣传，还能促进资源的共享和互补。多元化的合作模式需要建立在相互信任和共同目标的基础上，以确保合作的可持续性和有效性。通过多方的共同努力，形成合力，法治宣传教育能够在更大范围内产生影响，推动社会整体法治意识的提升。

二、专业人才资源利用

（一）法治教育专家的引入

法治教育专家不仅是法律知识的传播者，还是法治理念的实践指导者。法治教育专家凭借其深厚的专业知识和丰富的实践经验，为公众提供权威的法律解读和教育内容。他们在法治宣传教育中的角色定位，强调了其作为知识传播者和实践指导者的重要性。法治教育专家通过深入浅出的讲解，帮助公众理解复杂的法律条文和法治理念，从而提高全民的法律意识和法治素养。在法治教育的过程中，他们不仅传递了法律知识，还通过互动和案例分析，帮助受众将理论知识应用于实际生活中，真正实现知行合一。

法治教育专家的专业背景与实践经验是确保其能够提供权威法律解读和教育内容的关键因素。通常，法治教育专家拥有扎实的法律专业知识和丰富的实践经验，他们可能是来自高校的法学教授、法律研究机构的研究员，或是具有丰富实务经验的律师和法官。他们的专业背景使其能够深入理解法律的内涵和外延，并能够根据不同的受众需求，提供量身定制的法律教育内容。此外，法治教育专家的实践经验使其能够将理论与实践相结合，通过生动的案例分析和互动式教学，提升法治宣传教育的效果。通过理论与实践的结合，不仅丰富了法治教育的内容，也增强了受众对法律知识的理解和应用能力。

法治教育专家与社会组织的合作模式是促进资源共享与项目协作的重要途径。这种合作模式不仅提升了法治宣传的整体效果，也为法治教育的创新发展提供了新的动力。通过与社会组织的合作，法治教育专家能够将其专业知识和教育经验与社会组织的资源和影响力相结合，共同开展法治宣传教育活动。这种合作模式还促进了不同领域间的资源共享与经验交流，推动了法治教育的多元化和创新性发展。通过跨界合作，法治教育专家能够更好地了解社会需求，设计出更符合实际的法治教育项目，从而提高法治教育的针对性和有效性。

法治教育专家的培训与发展机制是确保其持续更新法律知识与教育方法的重要保障。随着社会的不断发展和法律环境的变化，法治教育专家需要不断更新自己的知识储备和教育技能，以适应社会变化和公众需求。通过系统的培训和发展机制，法治教育专家能够及时掌握最新的法律动态和教育方法，提高其教学质量和效果。培训与发展机制不仅包括法律知识的更新，还涉及教育技术和教学方法的提升。通过持续的学习和实践，法治教育专家能够不断提升自身的专业素养和教育水平，为法治宣传教育的可持续发展提供有力的支持。

（二）教育培训的实施

在法治宣传教育的实践模式中，通过精心设计的培训项目，可以有效地提高公众对法律的理解及其应用法律的能力。教育培训的实施需要充分考虑受众的法律需求，确保培训内容的针对性和实用性。针对不同群体的法律需求，提供定制化的培训内容，可以更好地满足各类受众的学习需求，从而提高法治宣传教育的实际效果。

在设计教育培训内容时，必须考虑不同受众群体的法律需求。法律需求的差异性决定了培训内容的多样化和针对性。对于普通公众，基础法律知识的普及尤为重要；而对于法律从业人员，专业法律技能的提升则是重点。因此，教育培训的内容应当根据受众的具体需求进行调整，确保法律知识的传递不仅具有针对性，还具备实用性。通过对受众法律需求的深入分析，培训内容可以更具针对性，从而提高法律知识的传递效果。

培训形式的多样化是提升参与者学习体验的重要因素。结合线上与线下的培训方式，可以更好地适应不同参与者的学习习惯和时间安排。线上培训提供了便利性和灵活性，参与者可以根据自己的时间安排进行学习；线下培训则提供了面对面交流的机会，有助于加深理解和互动。通过多样化的培训形式，参与者可以根据自己的学习习惯选择合适的方式，从而提升学习体验和效果。

建立系统的培训反馈机制是确保教育有效性与适应性的关键。通过参与者的反馈与评估，组织者可以及时发现培训中的不足之处，并进行相应的调整。反馈机制不仅可以帮助组织者优化培训内容和方法，还可以提高参与者的满意度和参与度。持续的反馈与评估使得教育培训能够不断适应变化的法律需求和社会环境，从而保持其有效性和适应性。

跨学科的合作是丰富培训内容和提升教育效果的重要途径。通过整合法律、社会学、心理学等领域的专业知识，可以使培训内容更加全面和深入。跨学科的合作不仅可以拓宽培训的视野，还可以提高参与者对法律问题的综合分析能力。通过多学科的视角，参与者可以更好地理解法律在社会中的作用和影响，从而提升法治宣传教育的整体效果。

三、资金资源的筹集与运用

（一）多元化筹资渠道

通过拓宽筹资渠道，可以有效地减少对单一资金来源的依赖，提高资金使用的灵活性与抗风险能力。政府资助与补助是法治宣传教育资金的重要来源之一。各级政府通过设立专项资金，用于支持法治宣传教育项目，以确保资金来源的稳定性与可靠性。这种支持不仅可以为项目提供资金保障，还可以通过政府的背书增强项目的公信力和影响力。此外，企业赞助也是筹集资金的一种有效方式。企业通过赞助法治宣传活动，不仅可以履行社会责任，还能提升自身的社会形象。这种合作模式在实践中已被证明是双赢的选择，企业获得了良好的社会声誉，法治宣传项目则获得了必要的资金支持。

社会捐赠与众筹活动为法治宣传教育提供了广泛的资金来源。通过鼓励社会各界的个人及组织自愿捐款或参与众筹活动，可以为法治宣传教育提供必要的资金保障。这种方式不仅能够筹集到资金，还能提高公众对法治宣传教育的关注度与参与度，增强其法治意识和社会责任感。与此同时，国际组织与基金会的资助为法治宣传教育的国际化与专业化发展提供了可能。通过寻求国际法律组织和基金会的支持，申请相关项目资金，可以引入国际先进的理念和经验，推动法治宣传教育的进一步发展。这种国际合作的模式，不仅有助于提升项目的专业化水平，还能扩大其影响力，使其在全球范围内产生积极的示范效应。

（二）资金使用的透明化

在法治宣传教育中，资金的透明化使用能够有效避免腐败和资源浪费现象发生，确保每一分钱都用在刀刃上。通过透明化的资金使用，公众可以看到资金的具体流向和用途，从而增强对法治宣传教育工作的信任感。这种透明化的资金使用不仅提升了机构的公信力，也为其他领域的资金管理树立了榜样。

建立资金使用的审核机制是实现资金使用透明化的重要步骤。审核机制的设立有助于确保所有资金流动都经过严格的审查和批准，避免不必要的浪费和不当使用。通过一套健全的审核机制，资金的每一笔支出都需要经过多层次的审批，从而提高资金使用的透明度和责任感。资金审核机制不仅能防范潜在的财务风险，还能提升机构内部的管理水平，确保资金使用符合既定的法律和道德标准。通过严格的审核机制，法治宣传教育的资金管理将更加规范和高效。

定期发布资金使用报告是资金透明化的重要表现形式之一。通过向公众和相关利益方披露资金使用情况，包括具体支出项目和金额，可以增强社会各界对法治宣传教育工作的信任度。定期发布资金使用报告不仅是对公众的责任交代，也是对自身工作的检视和反思。发布资金使用报告的过程，可以促进资金管理的自我完善，发现问题并及时纠正。同时，公开的报告也为公众监督提供了依据，增强了资金使用的透明度和可追溯性。

设立独立的监督委员会是确保资金使用合规性和透明度的重要保障。独立的监督委员会由外部专家、法律顾问和公众代表组成，负责对资金使用的全过程进行监督和评估。委员会的独立性确保了监督的客观性和公正性，避免了内部监督可能存在的偏差和盲点。通过设立独立的监督机制，可以确保资金使用符合既定的法律和道德标准，提升资金使用的透明度和公信力。同时，监督委员会的存在也为公众提供了一个反馈和投诉的渠道，进一步增强了公众的参与度和信任感。

采用信息技术手段，建立资金使用的在线监控平台，是提升资金使用透明度和公众参与度的现代化举措。通过在线监控平台，公众可以实时查询资金使用情况，了解每一笔资金的流向和用途。在线监控平台不仅提升了信息的透明度，还为公众提供了便捷的监督工具，增强了公众对法治宣传教育工作的参与感和责任感。信息技术手段的运用，不仅提高了资金管理的效率和透明度，也为其他领域的资金管理提供了有益的借鉴和参考。

四、信息资源的共享与整合

（一）信息平台的建设

信息平台的建设应综合考虑多种因素，以确保其功能的全面性和实用性。信息平台须具备用户友好的界面设计。这意味着平台的设计必须简单直观，能够适用于不同年龄层和教育背景的用户。这种设计理念不仅提升了用户的体验，也提高了用户获取法律知识的效率。在法律知识的传播过程中，如何让不同教育背景的用户轻松使用平台，是信息平台建设的一大挑战。因此，界面设计的友好性直接关系到法治信息的普及程度。

在信息平台的建设中，互动功能的设立是一个不容忽视的环节。互动功能的存在允许用户在平台上提问和讨论，从而促进法律知识的交流与传播。通过这种互动，用户不仅能够进行更为个性化的法律咨询，还能在讨论中加深对法律知识的理解。此外，互动功能的设立也增强了用户的参与感和社区感，使得信息平台不仅是信息获取的工具，更是法律社区的载体。通过互动，用户可以在平台上分享自己的法律经验，从而形成一种知识共享的氛围，进一步推动法治宣传教育的深入开展。

信息平台的内容更新是确保其时效性和准确性的关键。法律法规随着社会的发展而不断变化，因此信息平台必须定期更新其内容，以适应法律法规的变化和社会需求的演变。只有这样，信息平台才能够提供最新的法律信息，帮助用户及时了解法律动态。这不仅是对用户负责的表现，也是信息平台保持其权威性和公信力的重要保障。定期更新内容能够吸引用户的持续关注，增加平台的活跃度，从而实现法治宣传教育的长效性和可持续性。

在信息平台的建设过程中，除技术层面的考量外，还需要关注法律信息的质量和来源。高质量的法律信息是平台价值的核心，因此信息平台应当建立严格的信息审核机制，以确保发布的法律信息的准确性和权威性。通过与法律专业机构的合作，信息平台可以获得更为可靠的信息来源，从而提升平台的公信力和影响力。在信息资源的共享与整合中，信息平台的建设不仅是技术层面的任务，更是一项系统工程，需要多方面的协调与配合。

（二）数据资源的整合应用

通过对不同来源的数据进行整合，可以有效地提升法治宣传教育的精准性和针对性。数据整合的标准化流程是实现这一目标的关键，它确保了来自多种渠道的数据能够以统一的格式和结构进行处理。这不仅提高了数据的兼容性和可用性，还为后续的数据分析和应用奠定了坚实的基础。在法治宣传教育中，数据整合的标准化流程包括数据收集、数据清洗、数据转换和数据存储等步骤。这些步骤的有效实施，可以最大限度地减少数据处理过程中的误差和偏差，确保数据的准确性和可靠性。

利用大数据分析技术，对法治宣传教育活动的参与者数据进行深度挖掘，是提升法治宣传教育效果的重要手段。通过对参与者数据进行分析，可以识别公众法律意识的变化趋势与需求特征。这一过程不仅涉及对历史数据的回顾，还包括对实时数据的监测与分析。通过大数据分析，能够发现不同群体在法律认知和法律需求上的差异，从而为制定更具针对性的法治宣传策略提供数据支持。此外，大数据分析还可以帮助预测未来的法律需求趋势，为法治宣传教育的长远规划提供科学依据。

建立数据共享协议，促进各参与机构之间的数据流通与协作，是提升法治宣传教育整体效能与资源利用效率的有效途径。数据共享协议的建立，不仅有助于打破信息孤岛，实现数据的互联互通，还能促进不同机构间的协同合作。在法治宣传教育中，各参与机构往往拥有不同类型和不同层次的数据，通过数据共享协议，可以实现资源的优化配置，避免资源的重复投入和浪费。同时，数据共享协议的实施，还能增强各机构之间的信任与合作，为法治宣传教育的持续发展提供坚实的保障。

开发数据可视化工具，将复杂的法律数据转化为易于理解的图表和图形，是增强公众对法律信息的接受度与参与感的重要手段。法律数据往往具有高度的专业性和复杂性，对于普通公众而言，直接理解这些数据可能存在一定的困难。通过数据可视化工具，可以将抽象的数据转化为直观的图表和图形，使得法律信息更加生动易懂。这不仅有助于提升公众对法律信息的理解水平，还能激发公众参与法治宣传教育活动的积极性。数据可视化工具的开发与应用，标志着法治宣传教育进入了一个更加开放和互动的新时代。

第四章　法治影视作品的实践模式

第一节　法治影视作品的功能与定位

一、教育引导功能

（一）法治观念培养

通过培养公民的法治观念，能够使其更好地理解法律的基本内涵，认识到法律在维护社会秩序中的重要作用。法治观念的培养有助于增强公民的法律意识，使其在日常生活中自觉遵守法律，尊重他人的合法权益，从而推动社会的良性发展。在全球化背景下，法治观念的培养为国家间的法律合作与交流提供了基础。

法治观念的基本内涵与重要性在于，它不仅是对法律制度的认知，更是对法律精神的理解。法治观念要求公民在法律面前一律平等，要求法律的实施具有公正性和透明性。法治观念的内涵还包括对法律权威的尊重和对法律程序的信任。法治观念的重要性体现在其对个人行为的规范作用，以及对社会秩序的保障作用。通过培养法治观念，公民能够更好地理解法律的精神实质，从而在法律框架内行使权利和履行义务。

通过影视作品传播法治观念是一种有效的策略。影视作品具有广泛的传播力和影响力，能够通过生动的故事情节和形象的角色塑造，将法治观念潜移默化地传递给观众。影视作品可以通过真实的法律案例和虚构的法律故事，展示法律的公正性和权威性，帮助观众理解复杂的法律概念。通过影视作品，观众不仅可以获得法律知识，还能够受到法律精神的熏陶，从而在潜意识中形成法治观念。

法治影视作品在塑造公众法律意识中起着重要的作用。通过塑造正面角色和展示法律的正义性，法治影视作品能够激发观众对法律的信任和尊重。法治影视作品通过对法律程序的真实再现，使观众更直观地理解法律的运作机制，从而增强其法律意识。此外，法治影视作品还可以通过对违法行为的惩戒和对正义行为的赞扬，强化观众的法律道德观念，促进其行为的法律化。

法治观念的培养对社会和谐与稳定的促进作用不可忽视。当公民普遍具备法治观念时，社会将会形成一种自觉守法、崇尚法律的氛围，这为社会和谐奠定了基础。法治观念的普及有助于减少社会矛盾和冲突，提升公众的法律素养和道德水平，从而维护社会稳定。法治观念的培养不仅有利于个体的成长和发展，也为国家的长治久安提供了坚实的保障。通过传播法治影视作品，法治观念的培养将更加深入人心，成为推动社会进步的重要力量。

（二）公民意识提升

公民意识的提升不仅仅体现在对法律条文的了解，更在于形成一种自觉遵守法律、尊重他人权利的意识。这种意识的形成，在很大程度上依赖于情感和理智的共鸣，而法治影视作品正是以其艺术表现力和情感感染力，促使观众在潜移默化中增强对法律责任的认知。

法治影视作品在提升公民法律素养方面扮演着不可或缺的角色。通过对真实案例的改编和再现，这些影视作品能够帮助观众更好地理解复杂的法律概念和程序。例如，通过对法庭审判过程的细致描绘，观众可以直观地感受到法律的公正性和严谨性，从而提升其对法律制度的信任和尊重。同时，法治影视作品通过对法律职业者形象进行塑造，激励观众对法律职业的向往和对法律职业道德的认同，从而在潜移默化中提升公民的法律素养。

通过情节设置和角色塑造，法治影视作品能够有效增强公民对法律责任的认知。角色在剧中面临的法律困境以及最终的解决方式，往往能够引发观众的深思和共鸣。观众在观看过程中，随着角色的情感波动和道德抉择，逐渐形成对法律责任的理解和认同。这样的情节设计不仅仅是为了剧情的推进，更是为了在潜移默化中教育观众，使其在日常生活中更加自觉地承担法律责任，从而促进社会的法治化进程。

法治影视作品还能够提高公民参与法治实践的意识，鼓励观众主动维护自身权利。在观看法治题材的影视作品时，观众不仅仅是被动的接收者，他们也在思考和反思自身的权利和义务。通过角色在面对法律问题时的选择和行动，观众可以从中获得启发，进而在现实生活中更加主动地参与到法治实践中。这种参与意识的提升，不仅有助于个体权利的维护，也推动了整个社会法治环境的改善和进步。

二、宣传普及功能

（一）法律知识传播

观众在观看法治影视作品时，潜移默化地接触到法律条款和法律原则，从而在轻松的氛围中增强了法律意识。这种传播方式不仅提高了观众对法律的兴趣，同时也为法律知识的普及创造了良好的条件。法治影视作品以其特有的叙事方式，使得法律条文不再是枯燥的文字，而是融入故事情节中的一部分，让观众在情感共鸣中理解法律的意义和作用。

法治影视作品通过角色面临的法律困境和最终解决方案，将抽象的法律知识具体化，使观众易于理解和记忆相关法律内容。在影视作品中，角色往往面临复杂的法律问题，他们的选择和解决方案不仅推动了剧情的发展，也为观众提供了直观的法律学习机会。这种具体化的呈现方式，使得观众能够在角色的经历中反思自身的法律意识和行为选择，从而在潜移默化中提升自己的法律素养。角色的法律困境往往与观众的现实生活相似，这种共鸣感进一步加强了法律知识的传播效果。

法治影视作品常常结合社会热点话题，通过引导观众关注法律问题，促进法律知识的传播，增强公众的法律敏感性。社会热点话题往往涉及法律的边界和应用，通过在影视作品中呈现这些问题，能够使观众更深入地理解法律在社会中的作用和影响。这种结合不仅使法律知识传播更具时效性和针对性，也提高了观众对法律问题的敏感度和判断力。观众在观看法治影视作品时，往往会对现实中的法律问题产生更深刻的思考，从而在日常生活中更加注重法律的作用。

法治影视作品通过多样化的表现形式，如纪录片、剧情片等，丰富了法律知识的传播渠道，使其更具吸引力和教育性。不同类型的影视作品能够满足不同观众群体的需求，纪录片通过真实的案例分析和专业的法律解读，提供了深入的法律知识，剧情片则通过扣人心弦的故事情节将法律知识融入其中，使观众在情感体验中学习法律。法治影视作品多样化的表现形式不仅拓宽了法律知识的传播途径，也提高了其在不同观众群体中的接受度和影响力。法治影视作品以其独特的魅力和感染力，为法律知识的普及提供了新的可能性。

（二）社会责任倡导

通过角色的塑造，观众能够在潜移默化中受到影响，开始关注社会公义与法律公正。这种角色形象的塑造往往通过人物的正义行为、对法律的敬畏以及对社会不公的勇敢揭露来实现。观众在观影时，会被角色的行为感染，从而在内心深处激发出对社会责任的认同感和实践意愿。

法治影视作品通过展示法律对社会不公的干预与改变，进一步促进观众对社会责任的认知。这些作品常常通过真实或虚构的法律案件，来揭示社会中存在的不公现象，并通过法律的力量实现对不公的纠正。观众在观看这些情节时，不仅能够感受到法律的公正与威严，还能激发对社会责任的思考，鼓励他们以实际行动参与社会事务与法治建设。影视作品通过这种方式，成为社会责任教育的重要载体，推动了观众从旁观者向参与者的角色转变。

通过情节冲突与解决的过程，法治影视作品引导观众思考个人在社会中的责任。每一个情节的冲突往往源于社会责任的缺失，而解决这些冲突的过程则是对法律与道德的双重责任的实践。观众在观看这些解决过程时，能够反思自身在社会中承担的责任，并在潜意识中提高对法律与道德的责任感。这种责任感的提升，不仅仅是对个体行为的约束，更是对社会整体责任意识的增强。

法治影视作品通过对社会问题的深入探讨，激发观众对社会责任的思考。这些作品往往以敏锐的视角切入社会热点问题，通过深入的剖析和多角度的呈现，引发观众对社会责任的深刻思考。观众在观看这些作品时，会被激发出对社会现象的关注，从而推动社会各界对法治建设的关注与参与。通过这种方式，法治影视作品不仅仅是文化产品，更成为推动社会进步和法治建设的重要力量。

三、艺术表达功能

（一）法治主题创作

通过角色塑造与叙事结构设计，法治影视作品能够以生动的故事情节传递法律理念。角色的塑造不仅需要具备法律专业知识，还需通过其行动和决策，体现法律在生活中的实际应用。这种叙事结构的设计，旨在通过情感的起伏和冲突的解决，增强观众的情感共鸣与法律认知。通过这种方式，观众能够在潜移默化中理解法律的原则和价值，从而在现实生活中更好地运用法律知识。

法治主题创作应紧密联系社会现实，结合当下法律热点与公众关切，以提升作品的社会价值与教育意义。创作者需要对社会现象进行敏锐的观察和深刻的理解，将法律问题与社会问题相结合，使作品不仅具有观赏性，还具备引发思考的深度。通过对社会热点问题的探讨，法治影视作品能够引导观众关注法律在社会治理中的作用，并激发公众对法律制度完善的思考，从而推动法治社会的建设。

通过多元化的艺术表现形式，如戏剧、动画、纪录片等，法治影视作品可以丰富法治主题的创作手法，吸引不同年龄层和教育背景的观众。戏剧的形式能够通过舞台表演的张力，直接冲击观众的视觉与听觉；动画以其独特的表现力和想象空间，吸引年轻观众的注意；纪录片则通过真实事件的再现，增强作品的真实性与说服力。多元化的表现形式不仅扩大了法治影视作品的受众群体，也为法治主题的创作提供了广阔的空间。

在法治影视作品中融入文化元素与地方特色，可以增强作品的地域性与亲和力，促进法律文化的传播与认同。通过作品来展现不同地域的文化背景和风俗习惯，可以增强观众的代入感和认同感。这种文化元素的融入，不仅丰富了作品的内容，还能通过展示地方特色，来弘扬本地的法律文化与传统。同时，这种地域性的表达也有助于法律文化的多元传播，使观众在欣赏作品的同时，感受到法律文化的包容性与多样性。

（二）文化价值体现

法治影视作品常常通过精心构建的情节与角色，来揭示法律与道德间的复杂关系，引导观众在观赏过程中进行深层次的思考。这种艺术形式能够激发观众对法律原则和道德准则的反思，促使他们在日常生活中更好地理解和运用法律知识，从而达到普法与育人的双重效果。

法治影视作品在塑造文化认同方面发挥着不可或缺的作用。通过展示地方特色与传统文化，法治影视作品能够增强法律理念在特定文化背景下的适应性与接受度。每个地区都有其独特的法律传统与文化习俗，法治影视作品通过对这些元素进行艺术化处理，使观众在欣赏作品的同时，感受到法律与文化的紧密联系。这种结合不仅有助于提升观众对本土文化的认同感，还能促进法律在不同文化背景下的传播与接受，进一步推动社会的法治进程。

法治影视作品通过其艺术表现形式，成功地传递了社会正义与公平的文化价值。这类作品常常以正义战胜邪恶为主题，通过跌宕起伏的剧情和鲜明的人物形象，向观众传达法治社会中公平与正义的核心理念。观众在观影过程中，能够感受到法律在维护社会秩序和保障公民权利方面的重要性，从而增强对法治精神的认同与追求。这种文化价值的传递，不仅能够提高公众的法律意识，还能在潜移默化中促进社会的和谐与稳定。

法治影视作品通过在叙事中融入多元文化元素，展现不同群体的法律故事，来增强社会对法律多样性的理解与包容性。在全球化背景下，社会的多元化特征日益明显，法治影视作品通过展现不同文化背景下的法律实践，帮助观众更好地理解和包容法律的多样性。这种多元文化的呈现，不仅丰富了作品的内容，也开阔了观众的视野，使其能够在不同的文化语境中理解法律的普适性与特殊性，从而促进社会的包容与和谐。

四、社会监督功能

（一）公众舆论引导

法治影视作品通过精心设计的情节，来反映社会的热点问题，引导公众对法律和社会现象的关注与讨论。比如，某些影视作品通过对真实案件的改编，揭示了法律制度中的漏洞和不公，引发了观众对现行法律制度的反思。这种方式不仅能够提高公众的法律意识，还能够促使观众对社会现象进行更深入的分析和思考，从而在一定程度上推动法律制度的完善和社会的进步。

法治影视作品不仅通过情节设置引导舆论，还通过角色面临的法律困境来激发观众对法律公正的思考。在许多法治影视作品中，角色往往会面临复杂的法律问题和道德选择，这些情节设置不仅能够吸引观众的注意力，还能够促使观众思考法律与道德之间的关系。例如，当观众看到角色因法律不公遭受不幸时，往往会激发他们对法律制度的质疑与批判，进而在社会上形成广泛的舆论。这种舆论的形成有助于推动法律改革和社会进步，使得法律更加公正和人性化。

法治影视作品在引导公众舆论时，通过多样化的传播渠道，扩大法律知识的影响力。随着新媒体技术的发展，法治影视作品不再局限于传统的电视和电影，而是通过网络平台、社交媒体等多种渠道进行传播。这种多样化的传播方式使得法律知识能够更加广泛地传播，吸引更多的公众参与到法治建设中。通过这些渠道，观众不仅可以观看影视作品，还可以通过评论、分享等方式参与到法律问题的讨论中，从而在社会上形成一种对法治的广泛关注和支持。这种广泛的参与有助于提高公众的法律素养，促进法治社会的建设。

（二）社会问题揭示

法治影视作品通过细腻的叙事手法，将法律实施过程中可能出现的各种问题展现在观众面前，使观众意识到法律改革的必要性。这种揭示不仅限于法律条文的缺陷，还包括执法过程中可能存在的偏差和不公。这种真实的再现让观众在潜移默化中接受法律知识的同时，也促使他们关注法律体系的完善与进步。

法治影视作品通过展示社会不公与法律冲突，引发观众对弱势群体权益的思考。在许多法治影视作品中，弱势群体的生存困境常常被放大，以引起观众的同情与思考。这种手法不仅揭示了社会的不公，还推动了观众对公平正义的关注与讨论。通过对个案的深入刻画，观众能够更直观地感受到弱势群体在法律面前的无力感，这种情感的共鸣往往能激发社会对法律制度的反思和对弱势群体权益的更多关注。

法治影视作品通过情节中的法律纠纷，反映社会中普遍存在的伦理道德困境。这些作品不仅仅是对法律条文的演绎，更是对人性与法律之间复杂关系的深刻探讨。通过对角色在法律纠纷中的选择与挣扎的刻画，观众能够更深入地理解法律与道德之间的微妙关系。这种对伦理道德困境的呈现，不仅丰富了作品的内涵，也促进了观众对法律与道德关系的深入理解。

法治影视作品利用叙事手法揭示社会问题的复杂性，鼓励观众思考法律在解决社会矛盾中的多重角色与影响力。这些作品通过复杂的情节设计和多层次的人物关系，展示了法律在社会治理中的多面性。观众在观看作品的过程中，不是被动地接收信息，而是主动地思考法律在现实生活中所扮演的多重角色。这种思考不仅有助于观众形成更全面的法律观，也促进了社会对法律制度的反思与改进。

第二节　法治影视作品的创作与生产过程

一、剧本编写环节

（一）故事大纲

法治影视作品的核心主题应围绕社会正义与法律公正展开，反映当下公众最关心的法律问题。故事大纲作为剧本创作的基础，必须明确作品的主题和方向。主题的选择不仅影响作品的深度和广度，也关乎观众的接受度和共鸣度。在当代社会，法律问题与社会正义往往紧密相连，因此剧本需要通过细腻的情节和真实的案例，揭示法律制度在维护社会公正中的作用。这种主题的设定不仅可以使观众在观看作品的过程中获得法律知识，还能引发他们对社会正义的深刻思考。

通过角色间的法律冲突与伦理抉择，展现法律在现实生活中的复杂性与多样性，是法治影视作品的重要任务之一。角色的设定需要多维度地展示法律职业者、普通市民，以及其他法律相关人士在面临法律问题时的不同选择和思考过程。法律冲突不仅仅是对法律条文的讨论，更是对人性、道德与社会责任的深刻探讨。通过这些角色的互动，观众可以看到法律在不同情境下的应用与挑战，从而加深对法律体系的理解。

情节设计应注重引人入胜的故事发展，结合法治教育与娱乐性，使观众在享受故事的同时获得法律知识。一部成功的法治影视作品不应当是法律知识的堆砌，而是要有扣人心弦的情节发展和生动的人物刻画。通过紧凑的剧情安排和富有张力的情节冲突，观众可以在娱乐中潜移默化地接受法治教育。这样的设计要求编剧在创作过程中精心策划每一个情节点，以确保故事的连贯性和吸引力。

故事大纲应综合考虑不同观众群体的法律知识背景，确保作品内容能够有效传达法律理念并引发共鸣。观众的法律知识水平和理解能力各不相同，因此，编剧在创作过程中需要针对不同的观众群体，设计不同层次的法律信息传达方式。通过简化复杂的法律概念、使用通俗易懂的语言以及结合观众熟悉的社会现象，作品能够更好地与观众产生情感共鸣，激发他们对法律问题的关注和思考。这样的创作策略不仅提升了作品的教育价值，也增强了其社会影响力。

（二）人物设定

在法治影视作品的创作过程中，一个成功的人物设定不仅需要具备鲜明的个性和背景，还需要深谙法律的专业知识。通过这种方式，角色在情节中能够真实地反映法律知识与实践，增强作品的可信度。这种专业背景的设定不仅为观众提供了准确的法律信息，还能使观众在观赏过程中获得关于法律实践的深刻理解。这种设定要求编剧在创作过程中，深入研究法律条款与实际案例，以确保角色的行为和决策符合现实中的法律逻辑。

角色的设定不应局限于法律专业背景，还应体现不同社会阶层与职业群体的法律经历。这种多样化的角色设定有助于展示法律在多元社会中的应用与影响。通过不同背景的角色，观众可以观察到法律如何在各个社会层面发挥作用，以及其给不同职业群体带来的独特挑战和机遇。这种多元化的设定，不仅丰富了作品的内容，也让观众更全面地了解法律在社会中的功能和重要性。

展现角色的内心冲突与伦理抉择是人物塑造的关键要素。这种设定能够使观众产生情感共鸣，更深刻地理解法律与道德的复杂关系。在法治影视作品中，角色往往面临着艰难的法律选择，同时也要考虑道德和伦理的要求。通过展现这种内心的斗争，观众能够更好地理解法律决策背后的复杂性，并反思自身在类似情境中的可能反应。这种深度的情感联结是法治影视作品吸引观众的重要因素。

角色之间的互动关系设计为多层次的冲突与合作，是剧本编写中不可或缺的部分。这种设计不仅反映了法律实践中的团队协作精神，还强调了社会责任感的重要性。在法律实践中，团队合作是解决复杂法律问题的关键，通过角色之间的互动，观众可以看到法律专业人士如何在冲突中找到共同点，并共同维护正义。这种多层次的关系设定，使作品不仅仅是对法律知识的展示，更是对法律职业精神的深刻诠释。

人物设定应特别关注性别与文化多样性，以确保不同群体的法律故事得到充分表达与呈现。这种包容性的设定，不仅丰富了作品的表现力，也增强了其社会影响力。在一个多元文化的社会中，法律的实施和影响必然涉及不同性别和文化背景的人群。通过这种多样化的角色设定，作品能够更全面地展示法律在不同文化背景下的应用和挑战，促进观众对法律包容性的理解和认同。

（三）对话设计

在设计对话时，法律术语的准确性至关重要。通过准确使用法律术语，编剧能够确保观众对法律概念和条款的清晰理解。这不仅有助于观众更好地理解剧情发展，也提升了作品的专业性和可信度。此外，法律术语的准确性还可以帮助避免误导观众，确保信息的真实性和可靠性。

对话设计不仅是法律术语的传达，还是角色情感与心理变化的表现手段。通过对话，编剧可以将角色的内心冲突和情感波动传递给观众，使观众在法律讨论中感受到人物的真实情感与冲突。这种情感的融入，不仅能够增强观众的代入感，还可以使法律讨论更加生动和具有感染力。角色的情感变化往往与法律事件的发展紧密相连，因此，准确把握角色的情感走向是对话设计中不可或缺的部分。

在法治影视作品中，对话设计还需紧密结合情节发展，特别是在关键时刻设计法律辩论。这种设计能够有效增强故事的紧张感和吸引力，使观众在观影时保持高度的注意力。通过精心设计的法律辩论，观众不仅能体验到法律的复杂性和多样性，还能感受到剧情的跌宕起伏。此外，关键时刻的法律辩论往往是剧情的高潮部分，对话设计的精妙与否直接影响到观众的观感和作品的整体质量。

考虑到角色的社会背景与法律知识水平，对话设计需要确保交流的真实与合理性。不同角色由于其所处的社会环境和接受的教育不同，法律知识水平也会有所差异。因此，在对话设计中，编剧需要充分考虑这些差异，以确保角色间的交流符合逻辑和真实感。这不仅有助于塑造更为立体和真实的角色形象，也能使观众更容易接受和理解角色的行为动机和思维方式。

适当使用幽默与轻松的元素是对话设计中的一项重要策略。法律主题通常较为严肃，容易使观众感到沉重和压抑。通过在对话中融入幽默和轻松的元素，编剧可以有效缓解这种严肃性，使观众在轻松愉悦的氛围中接受法律知识和信息。这种设计不仅能够增强作品的娱乐性，还能拓展观众群体，吸引更多对法律并不熟悉的观众。

二、选角与筹备

（一）演员甄选

在法治影视作品的制作过程中，演员甄选是一个关键环节。演员不仅需要具备扎实的表演功底，还应拥有一定的法律专业背景。这种结合能够帮助演员在演绎角色时，准确展现法律知识的深度与复杂性，让观众感受到角色的真实感。例如，一个在法庭上辩论的场景，如果演员对法律术语和程序毫不了解，就很难做到自然流畅。因此，选择具有法律知识的演员，能够提升作品的专业性和可信度。

演员的社会形象与公众认知度是选角时的重要考量因素。知名演员往往能为作品带来更高的关注度和观众基础，这对于法治题材的影视作品尤为重要。观众在观影时，容易对熟悉的面孔产生亲切感，从而更愿意投入角色的情感世界中，增强作品的吸引力。此外，演员的社会形象也会影响观众对角色的认同感，选择适合的演员能使角色更具说服力。

在选角过程中，演员的情感表达能力至关重要。法治影视作品常常涉及复杂的法律冲突与伦理抉择，演员需要通过细腻的表演传达角色的内心挣扎与情感变化。优秀的情感表达能力可以使观众更深入地理解角色的动机与选择，增强作品的情感张力。同时，演员的表现力也直接影响故事的推进和观众的情感共鸣。

考虑演员的文化多样性与性别平衡是选角过程中不可忽视的一环。法治故事往往反映社会的多样性与复杂性，通过多元化的演员阵容，可以更全面地展现不同群体的法律故事。这不仅丰富了角色的层次感，也使作品更具包容性和社会意义。文化多样性和性别平衡的实现，能够让观众在不同的角色中找到共鸣，提升作品的社会价值。

演员的合作精神与团队协作能力是选角时的重要标准。在法治影视作品中，角色之间的互动往往是推动剧情发展的关键。演员间的默契与配合，能够使角色关系更加真实自然，增强整体故事的流畅性。一个优秀的演员，不仅要具备个人的表演能力，还需在团队中发挥协作精神，与其他演员共同创造出精彩的表演效果。

（二）场地勘察

在法治影视作品的创作与生产过程中，场地选择不仅要考虑到法律主题的相关性，还需确保拍摄地点能够真实反映法律环境与氛围。这种真实感是法治影视作品成功的关键之一，因为它能够让观众更好地理解和感受法治的内涵与重要性。通过精心挑选的场地，观众可以在视觉上和情感上更深刻地体验作品所传达的法律理念和价值观。

场地勘察需评估拍摄地点的安全性与便利性。安全性是任何影视作品拍摄过程中不可忽视的因素，尤其是在涉及复杂法律场景的拍摄时。确保所有参与者的安全，不仅是出于法律的要求，更是出于对每一个参与者的尊重和责任。便利性则关系到整个拍摄过程的效率和成本控制，合理的场地选择可以在很大程度上降低不必要的时间浪费和资源消耗。

根据剧本需求，选择具有代表性的场地可以极大地增强故事情境的真实性与代入感。每一个场地都承载着特定的法律背景和社会文化，能够为观众提供一种沉浸式的体验。通过真实的场景，观众可以更容易地理解角色所处的情境和面临的法律困境。这种代入感不仅提升了作品的观赏性，也有助于观众对法治精神的深入理解。

光线条件与声音环境是场地勘察过程中需要考虑的重要因素。良好的光线条件可以确保画面的清晰度和视觉效果，而适宜的声音环境有助于录制清晰的对白和背景声音。法治影视作品往往需要通过细腻的画面和清晰的声音来传达复杂的法律情节，因此，场地的光线和声音条件直接影响到作品的质量和观众的观影体验。

在场地勘察中，与当地法律机构或社区的沟通是不可或缺的步骤。获取必要的支持与许可不仅是法律合规的要求，也是确保拍摄顺利进行的重要保障。通过与当地机构的合作，可以获得更多的资源和支持，解决可能遇到的法律和行政问题。这种合作关系不仅有助于拍摄工作的顺利推进，也为法治影视作品的合法性和社会影响力提供了保障。

（三）预算规划

一个详尽且合理的预算能够为整个制作过程提供财务保障，确保各个环节的顺利进行。预算规划首先需要包括剧本开发的费用，这部分资金主要用于支付编剧的酬劳以及可能的剧本修改费用。剧本是影视作品的灵魂，其质量直接关乎整部作品的成功与否。此外，演员的选角及培训费用也是预算的重要组成部分。选角过程需要支付演员的试镜费用，而为了达到最佳的表演效果，必要的演员培训也是不可或缺的。这些投入是确保高质量创作和表演的基础。

在制作阶段，预算规划须涵盖场地租赁、设备采购和技术支持的成本。场地租赁费用因拍摄地点的选择而异，而设备采购则包括摄像机、灯光和音响设备等。技术支持方面，专业的摄制团队和后勤保障是拍摄顺利进行的关键。合理的预算分配能够有效地避免因资金不足导致的拍摄中断或质量下降。后期制作阶段同样需要充足的预算支持，剪辑、音效、配乐及特效是提升作品整体观赏性的核心元素。精细的剪辑能够增强叙事的流畅性，优质的音效和配乐则能营造更具感染力的氛围。

市场推广预算是法治影视作品成功的重要保障。宣传材料的制作、媒体投放以及公关活动的费用都须在预算中得到充分考虑。通过多渠道的宣传策略，可以有效提升作品的市场影响力，吸引更多观众的关注和参与。此外，预算规划中设立应急资金是应对不可预见支出和项目调整的必要措施。影视制作过程中会遇到各种突发状况，如天气原因导致的拍摄延误或演员档期冲突等，灵活的应急资金能够确保制作过程的稳定性和灵活性，为项目的顺利完成保驾护航。

三、拍摄制作流程

（一）场景布置

设计一个合适的场景不仅是为了满足视觉上的需求，更是为了服务于剧本的情节发展和角色需求。通过精心设计的场景，观众能够更好地沉浸在故事中，感受到情节的真实感和代入感。场景布置应充分考虑剧本中角色的动机、情感以及故事的整体氛围，以便在视觉上准确传达出法治主题的深刻内涵。

在场景布置过程中，法律环境特征的体现是关键。选择合适的道具和背景能够让观众直观地感受到法律的氛围，这种氛围的营造不是通过对法律符号的简单堆砌来实现的，而是要通过细致的场景设计，使得每一个场景都能反映出法律的严肃性和权威性。例如，在法庭场景中，庄严的法槌、整洁的文件以及严肃的审判席都能增强观众的法律体验。这种细节上的把握是场景布置成功与否的重要标志。

视觉美学和功能性的兼顾是场景布置的重要方面。在拍摄过程中，光线的运用和镜头的角度选择都要经过精心的安排，以确保能够有效地传达出角色的情感和剧情的发展。视觉美学不仅仅是为了取悦观众的眼球，更是为了通过视觉手段来增强故事的叙述效果和情感的表达。通过合理的光影布局和镜头运用，观众能够更直观地感受到角色的内心世界和故事的紧张氛围。

场景布置的成功离不开与美术团队的密切合作。详细的场景规划是确保每个元素都符合法治主题表达需要的基础。美术团队不仅需要了解剧本的细节，还需要理解导演的创作意图，以便在场景设计中准确体现这些要求。每一个场景元素的设计、道具的选择以及颜色的搭配都需要经过深思熟虑，以确保最终呈现的效果能够服务于法治影视作品的整体主题。

为了确保场景布置的效果符合创作目标，试拍是一个必要的步骤。通过多次试拍，制作团队可以评估场景布置的实际效果，并根据试拍结果进行及时调整。这一过程不仅有助于发现场景布置中的不足之处，还能提供机会对场景进行细节上的完善，从而确保最终的拍摄效果能够达到预期的创作目标。在试拍过程中，团队需要保持开放的态度，积极听取各方的意见，以便在正式拍摄中呈现出最佳的场景效果。

（二）拍摄计划

在法治影视作品的创作中，拍摄计划需要明确每个场景的拍摄顺序。这种顺序的安排不仅有助于保持拍摄过程的连贯性，还能在拍摄过程中节省时间和资源。通过合理的顺序安排，能够减少场景和场景间的转换时间，降低因频繁更换拍摄地点导致的延误风险，从而提高整个拍摄团队的工作效率。

制定详细的时间表对于拍摄计划的成功实施至关重要。时间表应详细规定每个场景的拍摄时长和具体的拍摄日期，这样可以合理安排演员和工作人员的时间，避免因时间安排不当导致的冲突。合理的时间管理不仅能够提高拍摄过程的效率，还能在一定程度上减轻工作人员的压力，确保他们在最佳状态下投入工作。同时，明确的时间安排也有助于预算的控制，减少因时间拖延而增加的制作成本。

拍摄计划还应充分考虑天气和光线变化等外部因素对拍摄的影响。由于法治影视作品通常需要在不同的环境下进行拍摄，因此制定应急预案是非常必要的。应急预案能够帮助拍摄团队更好地应对不可预见的外部变化，确保拍摄进度不受影响。尤其是在户外拍摄时，天气变化可能对光线和场景的呈现产生重大影响，因此，灵活的应对措施和备用方案是保障拍摄质量的重要手段。

在拍摄计划中，多次试拍的安排是确保拍摄效果的重要步骤。通过试拍，导演和摄制团队可以及时调整拍摄角度和场景布置，以确保拍摄达到预期效果。试拍不仅能帮助团队发现潜在的问题，还能在正式拍摄前进行必要的调整和优化。这种实践模式不仅提高了拍摄的成功率，也为后期制作提供了更好的素材基础，确保作品的整体质量。

拍摄计划必须包括对技术设备的需求评估。全面的设备评估能够确保所需的摄影器材、灯光设备和音频设备在拍摄前准备齐全。设备的准备工作是拍摄成功的基础，任何设备上的疏漏都可能对拍摄过程产生不利影响。因此，提前评估和准备设备，不仅能避免拍摄过程中出现技术问题，还能为拍摄团队提供稳定的技术支持，以确保法治影视作品的制作质量达到预期标准。

（三）导演指导

在法治影视作品的创作与生产过程中，导演应首先明确作品的核心主题，这不仅仅是为了确保每个场景和角色的表现都能围绕这一主题展开，更是为了增强作品的整体一致性，使观众能够在观影过程中清晰地感受到法治精神的传达。导演的职责不仅在于视觉呈现，还在于通过细致的指导，确保每一个元素都服务于主题，形成一个有机的整体，从而在潜移默化中提高观众的法律意识。

在指导演员时，导演需要特别强调角色的法律背景和情感深度。演员的表现不仅仅是对剧本的简单诠释，更是对法律冲突与伦理抉择的深刻表达。导演应通过对角色背景的详细解读，使演员能够理解角色面对的法律问题及其内心的道德挣扎，从而在表演中真实地传达出这种复杂性。这样的指导能够帮助演员在塑造角色时，既不失法律的严谨性，又能展现出人性的多面性，令观众在观影过程中产生共鸣。

导演与摄影师之间的合作也至关重要。通过制定合理的拍摄角度和光线运用策略，导演能够有效增强法治主题的视觉表现力。光影的变化可以传达出情感的起伏和情节的紧张，导演应与摄影师建立紧密合作关系，确保每一个镜头都能为法治主题服务。这样的视觉设计不仅提升了观众的代入感，还能通过视觉语言进一步深化主题的表达，使观众在欣赏作品时，能够从多重感官体验中加深对法律问题的理解。

在拍摄过程中，导演需要具备灵活应变的能力，以应对现场可能出现的突发情况。这种灵活性不仅体现在对场景和对话的及时调整上，还包括对演员状态的把控和对技术问题的解决上。导演的灵活调整有助于保持拍摄流程的顺畅，确保作品的质量不受影响。通过对细节的关注和整体的把控，导演能够在各种不可预见的情况下，保持作品的高水准制作，确保法治理念的准确传达。

后期制作同样是导演工作的重要组成部分。在剪辑和音效设计中，导演的参与能够确保最终成片能够有效传达法治理念。通过对剪辑节奏的把控和音效的精心设计，导演能够进一步增强观众对法律的理解与认同。后期制作不是对素材的简单拼接，而是对作品主题的再次升华。通过导演的指导，法治影视作品能够在细节中体现出法律的威严与人性的温情，使观众在享受视听盛宴的同时，接受深刻的法治教育。

四、后期制作工作

（一）剪辑处理

剪辑处理的核心目标是通过有效的镜头组合，增强叙事流畅性和情感表达，使观众能够更好地理解法律主题。这一过程需要剪辑师对素材进行精心的筛选和排列，确保每一个镜头的衔接都能自然流畅地传达出导演的意图和作品的核心信息。通过合理的剪辑，观众不仅能够更好地理解剧情的发展，还能在情感上与角色产生共鸣，从而更深入地理解影片传达的法律理念和社会意义。

在剪辑过程中，节奏的把握至关重要。通过调整镜头的长短和切换频率，剪辑师可以营造出紧张或轻松的氛围，从而提升观众的观看体验。法治影视作品常常涉及复杂的法律情境和严肃的社会问题，适当地调整节奏能够帮助观众更好地消化信息，并在关键时刻感受到剧情的张力和情感的波动。节奏的变化不仅仅是技术上的处理，更是对观众心理节奏的引导，使他们在观影过程中保持高度的关注和思维的活跃。

音效与配乐的设计是剪辑过程中不可忽视的部分。视觉与听觉的协调对于强化法治主题的情感传递至关重要。通过巧妙的音效设计和配乐，影片可以在关键时刻引发观众的情感共鸣，增强他们对法律情境的理解和认同。音效的运用不仅仅是对画面的补充，更是对影片氛围的营造和情感的深化。通过声音的引导，观众可以更直观地感受到影片的情感脉络，从而更深刻地理解影片所传达的法律精神。

后期剪辑还需特别关注视觉效果的统一性。色彩、光影和画面风格的一致性是确保法治影视作品在整体呈现上更具专业性与吸引力的关键。通过对视觉元素的精细调整，剪辑师能够确保影片在视觉上给观众带来一致的感受，避免由于风格不统一导致的观感分裂。统一的视觉效果不仅提升了影片的观赏性，也增强了其在传达法律主题时的说服力和感染力，使观众在观看过程中能够更专注于影片的核心内容和思想。

（二）音效设计

通过背景音和环境音的巧妙搭配，音效设计可以将观众带入一个充满法律张力的世界，增强他们对法治主题的沉浸感。例如，在法庭戏中，适当的环境音可以增加场景的逼真度，使观众仿佛置身于庄严的法庭之中。音效设计不仅要关注音效的选择，还需考虑其在法律叙事中的功能，以便更好地服务于法治影视作品的主题表达。

在音效设计过程中，使用适当的音效元素来反映角色的情感变化是至关重要的。这些音效元素不仅可以帮助观众更好地理解人物的内心冲突与伦理抉择，还能通过声音的变化揭示角色的心理状态。例如，当角色面临道德困境时，音效的变化可以传达其内心的挣扎与不安，从而使观众更深刻地感受到角色的情感波动。通过音效设计，不仅丰富了作品的情感层次，还增强了观众与角色间的情感共鸣。

音效设计应与剧情节奏紧密结合，通过动态音效的变化来提升紧张感或悬疑感，这对于增强观众的情绪参与至关重要。在法治影视作品中，音效可以通过节奏的变化来突出剧情的高潮或转折点。例如，在紧张的审判过程中，音效的逐渐加速可以提升观众的紧张感，而在悬疑情节中，音效的突然变化则能有效地制造惊喜与悬念。通过准确传达法律术语，不仅丰富了影视作品的视听体验，还在很大程度上决定了观众的情绪反应。

后期音效设计还需特别关注法律术语的清晰度，确保观众能够准确理解对话中的法律内容。这对于提升作品的教育意义尤为重要。在法治影视作品中，法律术语的准确传达是保证观众理解剧情与法律知识的基础。因此，音效设计师需要在后期制作中仔细调整对话的音效，确保法律术语的发音清晰可辨。通过准确传达法律术语，音效设计不仅提升了作品的专业性，还增强了其在普法教育中的价值。

（三）视觉特效

视觉特效的主要功能在于通过增强法治主题的表现力，创造出引人注目的场景，从而吸引观众的注意力并提升作品的整体吸引力。在法治题材的影视作品中，视觉特效不仅仅是为了增加视觉上的冲击力，更是为了使观众在享受视觉盛宴的同时，能够对作品的法治主题产生更深刻的理解。这种增强表现力的方式，能够有效地将观众带入一个既真实又富有戏剧性的法律世界中，使观众在潜移默化中接受法治教育。

在法治影视作品中，视觉特效用于模拟法律程序和场景，帮助观众更直观地理解法律过程的复杂性与严谨性。例如，通过视觉特效模拟法庭审判的场景，观众可以清晰地看到法律程序的各个环节，理解法庭上证据展示、辩论和判决的细节。这种直观的展示，不仅能够增强观众的参与感，还能帮助他们更好地理解法律的严谨性和公正性，从而增强法律意识和法治观念。

视觉特效的应用应与故事情节紧密结合，确保其不仅仅是视觉上的装饰，更能够增强叙事的深度与情感表达。在法治影视作品中，视觉特效应服务于故事情节的发展，通过对关键场景的渲染和强化，使观众更容易投入角色的情感世界中。通过这种方式，视觉特效不仅丰富了作品的视觉层次，还增强了叙事的深度，使观众在观影过程中能够更好地理解角色的内心冲突和法律的复杂性。

在视觉特效的设计中，应注重法律概念的可视化，通过图形化的方式使法律条款和原则更易于被观众理解和记忆。这种设计理念要求创作者在进行视觉特效设计时，不仅要考虑其艺术性和观赏性，还要考虑其教育性和启发性。通过将抽象的法律概念转化为具体的视觉图像，观众可以更直观地理解法律原则的内涵和应用场景，从而在潜移默化中提升法律素养和法治意识。

（四）配乐制作

在法治影视作品的创作中，配乐的设计需紧密围绕法治影视作品的情节发展和情感基调进行，以增强故事的情感深度和观众的代入感。通过精心编排的音乐，观众能够更深入地感受到影片中法治元素的严肃性和复杂性。音乐不仅仅是背景的填充，更是情感的引导者和叙事的推动者。法治影视作品的配乐应当在情节的关键时刻，恰到好处地引导观众的情绪，使观众能够更好地理解和感受角色所处的法律困境及其精神世界的挣扎。

配乐在法治影视作品中不仅要注重情感的传达，还需体现法律主题的表现力。音乐风格和乐器的选择应反映法律的严肃性和公正性，营造作品的整体氛围。通过选择合适的音乐元素，如低沉的弦乐或庄重的铜管乐器，可以有效地传递法律的威严和正义感。这种音乐表现不仅能加强观众对法律主题的认知，还能在无形中提升影片的艺术价值，使观众在欣赏影片的同时，潜移默化地接受法治教育。

在配乐制作过程中，角色的心理变化是一个不可忽视的因素。通过音调和节奏的变化，配乐能够突出角色的内心冲突与伦理抉择。特别是在法治影视作品中，角色往往面临复杂的法律困境和道德选择，这种内心的矛盾与挣扎需要通过音乐来细腻地表达。适时的音乐变化不仅能揭示角色的内心世界，还能使观众更深刻地体会到角色面临的压力和挑战，从而在心理层面与角色产生共鸣。

配乐的设计还需与剪辑紧密配合，确保音乐的节奏与画面的切换相辅相成，以提升叙事的流畅性和观众的观看体验。在法治影视作品中，叙事的连贯性和节奏感至关重要。音乐与画面的完美结合可以有效地引导观众的注意力，使他们在观影过程中始终保持对剧情的关注。通过精准的音乐节奏和画面切换，观众不仅能够更好地理解故事的发展，还能在视觉和听觉的双重刺激下，获得更为深刻的观影体验。

第三节　法治影视作品的传播与接受机制

一、受众群体分析

（一）年龄层次

年轻观众更倾向于通过新媒体平台获取法律知识，因为新媒体平台提供了更为便捷和互动的获取信息方式，能够满足年轻人对即时性和互动性的需求。相反，老年观众更依赖传统媒体，如电视和广播，这与他们的媒介使用习惯和对新技术的接受度有关。因此，在制作和传播法治影视作品时，必须考虑不同年龄层观众的媒介使用习惯，以便更有效地传递法律知识。

青少年群体在法治观念的形成过程中，法治影视作品能够通过娱乐化的方式吸引他们的注意，进而增强其法律意识。这一年龄段的观众通常对娱乐内容有较高的兴趣，因此通过将法律知识融入有趣的情节和角色中，可以在潜移默化中影响青少年的法律观念。这种娱乐化的传播方式不仅能提高青少年的观看兴趣，还能在他们心中埋下法律意识的种子，为其未来的法律素养奠定基础。

中年观众通常具备较强的法律需求，他们在工作和生活中可能经常面临法律问题。因此法治影视作品可以通过情节设置和角色塑造，引发他们对自身法律权益的关注与思考。这一群体的观众通常更关注作品中所呈现的法律情境与现实生活的关联性，因此法治影视作品需要在情节设计上贴近生活，在角色塑造上真实可信，以便引发中年观众的共鸣和反思。

各年龄层观众对法治影视作品中法律内容的理解深度也存在差异。年轻观众可能更关注情节的趣味性，而成熟观众则更注重法律条款的准确性与适用性。年轻观众由于法律知识的储备有限，往往更容易被引人入胜的情节吸引，而成熟观众则可能因为生活和工作经验的积累，对法律条款的适用性和准确性有更高的要求。因此，法治影视作品在创作过程中，需要根据不同年龄层的需求，平衡作品趣味性与法律专业性的关系，以满足多样化的观众需求。

（二）教育背景

观众的受教育程度对法治影视作品有显著影响，高学历观众通常能够更好地理解法律术语和复杂的法律情节。教育背景在一定程度上决定了观众对法律概念的熟悉程度以及对法律术语的理解深度。高学历观众通常在逻辑思维和分析能力方面较强，因此在观看法治影视作品时，他们能够迅速抓住关键的法律问题，并对情节中涉及的法律条款进行深入的分析和理解。这种理解能力不仅使他们能够更好地欣赏作品的法律内涵，也使他们能够在作品中发现更多的法律细节和深层次的法律问题，从而提升观影体验。

不同教育背景的观众对法治影视作品中法律知识的接受程度存在差异，受过法律教育的观众更倾向于关注法律条款的准确性与适用性。这些观众在观看作品时，往往会对作品中涉及的法律程序和条款的准确性进行审视。他们关注的是作品中法律知识的正确性和适用性，而不仅仅是情节的推进。这种关注使得法治影视作品在制作时，需要更加注重法律知识的准确性和专业性，满足这些观众的需求。同时，这也促使制作者在创作过程中加强与法律专家的合作，确保作品在法律层面上的严谨性。

教育背景影响观众对法治影视作品情节的关注点，高中及以下教育水平的观众可能更关注故事的娱乐性而非法律内容。这部分观众在观影时，通常更倾向于关注故事情节的紧凑性和娱乐性，而对法律知识的关注度相对较低。对于他们而言，法治影视作品的吸引力更多地在于其故事性和娱乐性，而非法律内容的深度和广度。因此，在创作法治影视作品时，制作者需要在法律内容和娱乐性之间找到平衡，以便能够吸引不同教育背景的观众。

受教育程度较高的观众更有可能主动参与法律讨论，法治影视作品能够激发他们对法律问题的深层思考与参与意识。这些观众在观看法治影视作品后，往往会对作品中涉及的法律问题进行深入思考，并积极参与相关的法律讨论。他们可能会通过社交媒体、论坛等平台分享自己的观点和见解，与他人进行交流和讨论。这种参与不仅有助于他们对法律知识的进一步理解，也有助于促进公众对法律问题的关注和讨论。法治影视作品不仅仅是一种娱乐形式，更成为一种促进公众法律意识提高的重要媒介。

二、传播效果影响因素

（一）信息可信度

信息来源的权威性直接影响观众对法治影视作品内容的信任程度。权威机构或专业人士的参与不仅能为作品增添专业性，还能显著提升作品的可信度。观众往往更倾向于信任由法律专家或知名法律机构支持的法治影视作品，这种信任来自对权威来源的普遍认可。因此，法治影视作品的制作团队在选择信息来源时，应优先考虑与法律领域相关的权威机构或专家合作，确保作品内容的准确性和可信度。

法治影视作品中法律条款的准确性和适用性是观众判断信息可信度的重要标准。法律内容的专业性不仅关系到作品的真实性，还直接影响观众的法律意识。观众在观看法治影视作品时，会根据自身的法律知识背景对作品中的法律条款进行评估。准确、专业的法律内容能够帮助观众更好地理解法律的实际应用，从而增强他们的法律意识和对法治的信任。因此，确保法治影视作品中的法律条款准确无误是提升信息可信度的关键。

观众对法治影视作品的个人经验和法律知识背景也会影响其对信息可信度的评估。具有丰富法律知识的观众往往更倾向于质疑不准确的信息，他们会根据自己的经验和知识对作品内容进行判断。这一现象表明，法治影视作品不仅需要准确传达法律知识，还需要考虑观众的知识水平和接受能力。制作团队在创作过程中，应充分考虑观众的多样性，通过生动的案例和易于理解的法律解释，帮助观众更好地理解和接收作品中的法律信息。

法治影视作品的传播渠道和方式也会影响信息的可信度。传统媒体由于其长期积累的公信力，通常被视为更具可靠性，观众更容易信任通过传统媒体传播的法治影视作品。然而，随着新媒体平台的兴起，法治影视作品的传播方式也在不断变化。新媒体平台虽然具有传播速度快、覆盖面广的优势，但在信息可信度方面仍需建立更强的信任机制。为了获得观众的认可，新媒体平台需要通过严格的信息审核机制和专业的内容制作团队，提升法治影视作品的可信度，从而在信息传播中占据更重要的位置。

（二）传播速度

在法治影视作品的传播与接受机制中，快速的传播能够确保法律信息在社会热点事件中及时到达受众，从而在事件的高峰期引发更广泛的讨论。这种迅速的传播不仅提高了观众的参与感，还能在短时间内吸引大量观众的注意力，使法律信息在最需要被了解和讨论的时刻被广泛传播。通过快速的传播，法治影视作品能够在社会热点事件中发挥更大的影响力，推动法律信息的及时普及。

新媒体平台的实时更新特性为法治影视作品的快速传播提供了有力的支持。

这些平台能够迅速响应社会动态，使得法治影视作品在第一时间引发公众的讨论，促进法律意识的提升。通过新媒体平台，观众可以在事件发生的瞬间获取信息，并参与到相关的法律讨论中。这种实时的互动不仅能够提高观众的参与感，还能够促使观众在讨论中加深对法律问题的理解。新媒体平台的迅速反应能力，使法治影视作品能够在更短的时间内覆盖更广的受众群体，推动法律知识的传播。

传播速度的提高对于激发公众对法律问题的关注也具有重要意义。快速的信息流动能够促进法律知识的普及与应用，使更多的观众在短时间内接触到法律信息。通过快速的传播，观众能够在第一时间了解和法律相关的情节与讨论，从而提高他们对法律问题的关注度。这种快速的信息流动不仅有助于法律知识的普及，还有助于促进观众对法律问题的深入思考与探讨，提高他们的法律意识和法律素养。

在法治影视作品的传播中，快速的传播速度能够增强观众的参与感，使他们在第一时间内接触到和法律相关的情节与讨论。观众的参与感是法治影视作品传播效果的重要指标之一。通过快速的传播，观众能够在事件发生的初期就参与到讨论中，从而提高他们对法律问题的理解与认同。这种参与感不仅提高了观众的观看体验，还促使他们在日常生活中更加关注法律问题，推动法律知识在更大范围内的传播与应用。

三、接受心理与行为

（一）认知接受

认知接受涉及观众对作品中法律情节的理解和内化。观众对法律情节的理解能力，往往受到其法律知识背景的影响。法律知识丰富的观众更容易接受和理解复杂的法律概念，因为他们能够将影视作品中的情节与自己已有的法律知识框架进行对照和分析。这种对照和分析的能力，使得他们在观看过程中能够更好地理解并接受作品所传达的法治理念和法律知识，从而达到更高层次的认知接受。

在认知接受过程中，观众的情感共鸣也起到了关键作用。情感共鸣能够有效增强观众对法治主题的认同感与参与感。当观众在观看法治影视作品时，能够与作品中的角色产生情感共鸣，这种共鸣不仅能够加深他们对角色所经历的法律情境的理解，还能够激发他们对法治主题的深刻思考和情感认同。这种认同感和参与感的增强，能够促使观众在现实生活中更加关注法治问题，并积极参与相关的法律活动。

个体的社会经历和法律实践经验同样会影响其对法治影视作品的认知接受程度。那些拥有真实法律经历的观众，通常能够更深入地理解作品中的法律内容。这是因为他们在观看过程中，能够将作品中的法律情节与自身的法律实践经验相结合，从而形成更为全面和深入的理解。这种结合不仅有助于促进他们对法律知识的吸收，还有助于增强他们对法治理念的信任和支持，进一步推动法治观念在社会中的传播。

法治影视作品的叙事方式和角色塑造也对观众的认知接受产生重要影响。生动的角色和引人入胜的情节设计能够吸引观众的注意力，并促使他们积极地参与到剧情的理解和推理中去。通过这样的方式，观众不仅能够更好地吸收和理解作品中的法律知识，还能够在潜移默化中接受法治观念的熏陶。这种通过叙事和角色塑造所实现的认知接受，不仅提升了法治影视作品的教育价值，也为法治观念的传播提供了有效的途径。

（二）情感反应

在法治影视作品的传播与接受机制中，情感反应不仅仅是观众对影视作品的即时反应，它更深层次地影响着观众对法律问题的关注与思考。通过角色在法治影视作品中的遭遇，观众能够产生情感共鸣，这种共鸣不仅仅是对角色命运的同情，更是对角色所面临的法律问题的深刻思考。观众在情感共鸣的驱动下，会更加关注法律问题，进而增强自身的法律意识。这种情感共鸣的产生，往往是法治影视作品成功的关键，因为它不仅提高了观众的观看兴趣，还在潜移默化中传播了法律知识。

法治影视作品中的情感冲突是引导观众反思自身法律经历的重要手段。当观众看到角色在法律情境中所经历的情感冲突时，往往会联想到自己的生活经历。这种情感上的触动能够促使观众对自身的法律责任进行反思与认同。通过这种反思过程，观众能够更好地理解法律的意义，并在日常生活中更加自觉地承担法律责任。因此，情感冲突不仅仅是剧情发展的需要，更是法治影视作品传播法律知识、提升观众法律意识的重要途径。

在法治影视作品中，角色的心理变化是情感反应的重要表现形式。观众通过角色的心理变化，能够更容易地理解法律与道德之间的复杂关系。角色在面对法律困境时的心理变化，往往反映了法律与道德的冲突与融合。这种变化不仅促使观众对角色的行为产生理解，也促使观众对法律的公正性与道德性进行思考。通过这种思考过程，观众能够更好地理解法律与道德之间的关系，从而在现实生活中更好地处理法律与道德的冲突。

观众的情感反应与社会背景密切相关，特定的社会问题能够引发观众对法治影视作品的强烈共鸣。社会背景不仅影响观众对影视作品的理解，也影响观众对情感反应的强度。在特定社会问题的背景下，观众更容易对法治影视作品中的情节产生共鸣，这种共鸣能够增强法律知识的传播效果。法治影视作品通过反映社会问题，不仅提高了作品的现实意义，也增强了观众对法律问题的关注与思考。因此，情感反应在法治影视作品的传播与接受中起到了重要的桥梁作用，连接了观众的情感与法律知识的传播。

四、互动反馈机制

（一）观众评论

观众评论作为法治影视作品传播过程中的一个关键环节，能够有效地反映出作品在法律知识传播中的成效。通过分析观众的评论，创作者可以识别哪些法律概念更容易被观众理解和接受。这种反馈机制不仅为创作者提供了宝贵的数据支持，还可以帮助他们在未来的创作中更精准地选择和呈现法律知识点。尤其是在复杂法律概念的传播上，观众的理解和接受程度直接影响到法治影视作品的教育功能。因此，观众评论成为衡量法治影视作品传播效果的重要指标。

观众的反馈也揭示了法治影视作品在情感共鸣方面的成功与不足。观众评论中常常包含对剧情发展的情感反应，这些反应可以为创作者提供关于情节设计和情感线条的有价值的信息。观众的情感共鸣是衡量影视作品成功与否的重要标准之一，因为它直接影响到观众的观看体验和作品的传播效果。通过对观众评论的分析，创作者可以更好地理解观众的情感需求，并在后续作品中进行调整和优化，以增强观众的情感投入和共鸣。

观众评论中对角色塑造的看法也为编剧提供了重要的指导意见。角色塑造是影视作品成功的关键因素之一，观众对角色的认同和喜爱程度直接影响作品的吸引力和传播力。通过分析观众对角色的评论，编剧可以了解哪些角色设定更受观众欢迎，以及哪些角色需要进一步的改进和完善。这种反馈机制不仅有助于提升作品的吸引力，还能帮助创作者更好地贴近观众的期待，增强作品的市场竞争力。

观众的互动反馈能够促进法律问题的公众讨论，提升法治影视作品的社会影响力和参与度。观众评论往往涉及对法律问题的讨论和看法，这种互动不仅丰富了作品的传播内容，还为公众提供了一个交流和讨论法律问题的平台。通过这种互动，法治影视作品不仅实现了法律知识的传播，还增强了公众对法律问题的关注和理解，进一步提升了作品的社会价值和影响力。

（二）社区讨论

社区讨论提供了一个多元化的交流平台，促进了观众之间对法律问题的深入探讨与理解。这种讨论不仅限于对作品内容的评价，还涉及法律原则、司法实践等深层次话题。通过这种形式，观众可以在一个开放的环境中表达自己的观点，与他人分享见解，从而深化对法律问题的理解。这种互动不仅丰富了观众的观影体验，也为法治文化的传播提供了新的途径。

通过社区讨论，观众得以分享个人经历与法律知识，从而促进法律意识的传播与普及。观众在讨论中常常引用自身经历或他人故事，这些真实的案例为理论性的法律知识提供了生动的注解，帮助其他参与者更好地理解复杂的法律概念。同时，这种知识分享也有助于打破法律知识的壁垒，使更多人能够接触到法律的基本知识，提升大众的法律素养，进而推动法治社会的建设。

社区讨论能够汇聚不同背景和观点的参与者，形成对法律问题的集体智慧，推动社会对法治的关注与参与。每位参与者都带来独特的视角和经验，这种多样性使得讨论更加全面和深入。通过开放式的交流，参与者能够在碰撞中吸收新的观点，修正自己的看法，形成更为成熟的法律观念。这种集体智慧不仅体现在对具体法律问题的讨论上，也体现在对法治理念的认同和支持，提升了公众对法律制度的信任感。

在社区讨论中，观众的反馈和建议为法治影视作品的创作提供了重要的参考，帮助创作者更好地满足观众的需求与期待。观众的意见往往能够揭示作品中被忽视的细节或潜在问题，为创作者提供了第一手的用户体验信息。这种反馈机制不仅有助于提高作品的质量和影响力，也激励创作者在未来的作品中更加注重观众的需求，推动法治影视作品的良性发展。通过这种良性互动，使得法治影视作品能够更好地承担起教育和引导的双重使命。

第五章　法治网络传播的实践模式

第一节　法治网络传播的平台与工具选择

一、主流媒体平台的利用

（一）平台特性分析

主流媒体平台的受众覆盖面广泛，能够有效地传播法治信息至不同社会群体。这些平台通常拥有庞大的用户基础，涵盖了从都市到乡村、从年轻人到老年人的各个年龄和社会群体。这样的覆盖面使得法治信息能够在更大范围内传播，从而提升公众的法律意识和法治观念。

主流媒体平台具备较强的公信力，这种公信力能够增强法治信息的权威性和可信度。在信息泛滥的时代，受众往往对信息的真实性持怀疑态度，而主流媒体由于长期积累的信誉和专业的新闻操作，能够在一定程度上打消公众的疑虑，确保法治信息能够被准确理解和接收。这种信任关系的建立对于法治宣传的有效性至关重要。

主流媒体平台通常拥有丰富的多媒体资源，这使得法治信息的传播更加生动和多样化。通过图文、视频、音频等多种形式，法治传播可以更具吸引力和感染力。多媒体资源的运用不仅能增强信息的可读性和趣味性，还能帮助受众更好地理解复杂的法律概念和条款，从而提高法治教育的效果。

主流媒体平台具备快速传播的特性，能够及时响应社会热点事件，推动法治信息的即时传播与讨论。在突发事件或重大社会议题中，主流媒体能够迅速发布信息并引导舆论，这种快速反应能力有助于在第一时间传播法律知识和法治观点，帮助公众正确理解事件的法律背景和影响。通过这种方式，法治信息不仅能够及时传达，还能在公众中引发深刻的法律思考和讨论。

（二）内容发布策略

在法治网络传播中，制定明确的传播目标是首要任务，只有这样才能确保法治信息能够精准地针对特定受众群体。这一过程需要深入分析受众的需求和兴趣，提升传播的针对性和有效性。传播目标的设定不仅是为了信息的传递，更是为了在受众中引发思考和讨论，从而实现法治理念的深入普及和深化理解。这一策略的核心在于，通过精准的目标设定，法治信息能够更有效地引导公众的法律意识和行为规范。

多样化的内容形式是法治传播内容发布策略中的另一关键要素。随着数字媒体的快速发展，受众对于信息获取的方式和偏好日益多元化。短视频、图文并茂的文章等多样化的内容形式，能够更好地适应不同受众的偏好，增强法治传播的吸引力。短视频以其直观、易于传播的特点，能够迅速吸引受众的注意力，而图文并茂的文章则能够提供更为详细和深入的法律知识。这种多样化的内容形式，不仅丰富了法治传播的手段，也提升了受众的参与度和关注度。

结合社会热点和法律事件，是确保法治信息具备时效性和相关性的有效策略。现代社会信息更新迅速，公众对热点事件的关注度极高。因此，法治传播内容需要及时更新，与社会热点和法律事件紧密结合。这不仅可以提升法治信息的时效性，还能增强其相关性，使之更容易引发公众的关注和讨论。通过对热点事件的法律解读，公众能够更好地理解法律在社会生活中的应用和重要性，从而提升法治传播的效果。

建立互动机制是增强法治传播互动性和参与感的重要手段。在网络传播中，受众不再是被动的信息接收者，而是积极的参与者。通过社交媒体平台，受众可以参与讨论和反馈，表达自己的观点和看法。这种互动机制不仅丰富了法治传播的内容，也增强了受众的参与感和归属感。通过与受众的互动，传播者能够更好地了解受众的需求和反馈，从而不断优化传播策略，提升法治传播的效果和影响力。

二、专业法治平台的建设

（一）平台功能规划

在当今信息化社会中，专业法治平台的建设需要精确的功能规划，以满足用户多样化的需求。平台功能规划应以用户需求为导向，确保其能够有效地传播法治理念并提供实用的法律服务。首先，平台需要具备强大的信息整合能力，能够将法律法规、政策解读和案例分析等内容进行有机整合，形成一个系统化的知识库。其次，平台还应具备智能化的搜索和推荐功能，帮助用户快速找到所需的信息，提高使用效率。此外，平台在功能规划中还需考虑到用户体验的优化，通过简洁明了的界面设计和流畅的操作流程，提升用户的使用满意度。通过完善的功能规划，专业法治平台可以更好地服务于公众，推动法治观念的广泛传播。

在专业法治平台的功能规划中，设立在线咨询功能是提升用户服务质量的重要一环。通过在线咨询功能，用户可以在遇到法律问题时，随时随地与法律专家进行实时交流。这种即时沟通方式不仅能够为用户提供及时的法律意见和建议，还能有效地降低因法律知识匮乏而导致的误判风险。在线咨询功能的实现需要依托先进的通信技术和专业的法律团队，确保用户能够获得准确、权威的法律指导。此外，为了提高服务效率，平台可以采用智能客服系统，初步筛选和解答用户的常见问题，将复杂的法律问题转接给专业律师处理。通过在线咨询功能，专业法治平台能够更好地满足用户的法律服务需求，提升平台的专业性和用户黏性。

法治信息发布系统是专业法治平台的重要组成部分，其核心功能在于及时、准确地向用户传递法律动态和政策信息。通过这一系统，平台可以定期推送最新的法律法规、政策解读以及相关活动信息，帮助用户及时了解法律环境的变化。这种信息发布机制不仅可以提升用户的法治意识，还能增强他们对法律的理解和应用能力。为了实现这一目标，平台需要建立完善的信息采集和编辑机制，确保信息的权威性和时效性。同时，平台还应考虑信息的传播方式，通过多渠道、多形式的推送策略，如电子邮件、手机推送及社交媒体分享等，扩大信息的覆盖面和影响力。通过建设高效的法治信息发布系统，专业法治平台能够更好地服务于社会公众，促进法治社会的建设。

用户社区功能是专业法治平台增强用户互动和活跃度的关键模块。通过设计用户社区功能，平台可以为用户提供一个分享法律经验和见解的空间，促进用户之间的交流与互动。社区功能的设计应注重多样性和包容性，允许用户创建和参与各类法律主题的讨论小组，分享个人的法律案例和经验。同时，平台可以定期组织线上法律讲座和问答活动，邀请法律专家参与讨论，提升社区的专业性和吸引力。为了保证社区的健康发展，平台还应建立完善的社区管理机制，规范用户的发言行为，维护良好的交流氛围。通过用户社区功能，专业法治平台不仅能增强用户的参与感和归属感，还能在用户之间形成良好的互动生态，进一步推动法治理念的传播。

（二）用户体验优化

优化平台界面设计是提升用户体验的首要步骤。通过简化界面布局和增强导航功能，用户能够更加便捷地找到所需的法律信息和功能。界面设计不仅仅是视觉上的美观，更是对用户行为的深刻理解。通过数据分析和用户行为研究，平台可以提供更加直观和易于操作的界面，减少用户在使用过程中的困惑和障碍。这种优化不仅提升了用户的使用效率，也增强了用户对平台的信任和依赖。

个性化推荐服务是提升用户黏性和参与度的重要手段。通过分析用户的兴趣和行为习惯，平台可以为用户推送相关的法律内容，满足用户的个性化需求。个性化推荐不仅增加了用户的停留时间，也提高了用户对平台内容的关注度和参与度。用户在平台上的每一次交互都是对个性化推荐系统的反馈，平台通过不断学习和调整，能够更加精准地满足用户的需求。这种动态的推荐机制不仅提升了用户体验，也为平台的法治传播提供了新的路径。

定期进行用户体验调查是持续改进平台功能和内容的有效方式。通过收集用户反馈，平台能够及时发现问题和不足，并进行针对性的改进。用户体验调查不仅是对用户满意度的评估，更是对平台发展方向的指引。通过对调查结果的分析，平台可以了解用户的真实需求和期望，从而进行更有针对性的优化和调整。这种用户驱动的改进模式确保了平台能够在快速变化的环境中保持竞争力和吸引力。

建立用户支持系统是提升用户信心和体验的关键措施。通过提供在线帮助和常见问题解答，用户在使用平台的过程中能够得到及时的支持和指导。用户支持系统不仅是对用户问题的回应，更是对用户体验的保障。通过完善的支持系统，用户在遇到问题时能够迅速得到解决，减少了使用过程中的挫败感和不确定性。这种支持机制不仅提升了用户的满意度，也增强了用户对平台的信任和忠诚。

三、短视频平台的开拓

（一）内容创意策划

利用短视频的时效性，制作与社会热点事件相关的法律解读视频，能够帮助公众快速了解法律在实际中的应用。这种形式的传播不仅能够满足公众对信息的即时需求，还能在法律知识普及中发挥重要作用。短视频的创意策划需要以当前的社会热点及时事为切入点，阐述法律在不同情境下的适用性和重要性，从而提高公众的法律意识和法治观念。

短视频的互动性是其区别于传统传播形式的重要特征。在短视频中引入互动元素，如法律知识问答和挑战，可以极大地提升用户的参与感和学习兴趣。这种互动不仅使观众成为信息的接收者，也使其成为传播过程中的积极参与者。通过设计有趣的法律知识问答，观众在参与过程中能够加深对法律知识的理解和记忆。此外，挑战活动可以激发观众的好奇心和竞争意识，使其在轻松愉快的氛围中学习法律知识。互动元素的引入能够有效增加短视频的观看时长和用户黏性，从而扩大法治传播的影响力。

与法律专家合作制作专业的法律知识短视频，是确保内容准确性和权威性的有效途径。法律问题的复杂性和专业性要求短视频内容必须具备高度的准确性和权威性，才能赢得观众的信任。通过与法律专家合作，可以在短视频中呈现更为专业的法律解读，帮助观众深入理解法律条款及其背后的立法精神。这种合作不仅能够提升观众对法律问题的关注度，还能增强短视频平台在法治传播领域的公信力。法律专家的参与还能为短视频提供更为丰富的内容资源，使其在内容深度和广度上更具竞争力。

（二）传播效果评估

在法治网络传播的实践中，建立一个全面的数据分析系统是评估传播效果的首要步骤。通过定期收集和分析短视频的观看量、点赞数、分享次数等数据，可以初步了解传播的广度和深度。这些数据不仅能反映短视频的受欢迎程度，还能揭示受众对内容的接受度。通过对这些数据的深入分析，传播者可以更好地理解哪些内容引发了更多的关注，从而指导未来内容的创作和发布策略。

用户反馈和评论区的互动情况提供了更为直观的受众反应。通过分析用户在评论区的互动，可以了解观众对法律内容的兴趣和理解程度。这种互动不仅是传播者与受众之间的交流渠道，也是优化后续内容制作和传播策略的重要依据。通过识别哪些法律议题引发了更多的讨论和反馈，传播者可以更精准地调整内容方向，以满足受众的需求和兴趣。此外，这种互动也为传播者提供了一个平台，通过回应用户的评论和问题，进一步增强法律知识的传播效果。

为了更全面地评估短视频对法律知识普及和公众法律意识提升的实际影响，设计针对不同受众群体的传播效果调查是必要的。通过问卷调查或在线调查工具，传播者可以收集不同受众群体对短视频内容的反馈和建议。这种针对性的调查有助于了解不同群体对法律知识的接受程度和需求差异，从而制定更有针对性的传播策略。这种方法不仅可以评估短视频的教育效果，还可以为后续的内容创作提供重要的指导依据。

利用社交媒体平台提供的分析工具，可以监测短视频在不同平台上的传播效果。通过比较各平台的受众覆盖和互动率，传播者可以识别出最适合其内容传播的平台。这种比较分析有助于制定更有效的传播方案，最大化传播效果和受众覆盖面。通过不断优化平台选择和传播策略，法治网络传播可以更有效地实现其目标，提高公众的法律意识和法律知识水平。

四、直播平台的启用

（一）直播内容策划

在法治网络传播中，直播内容选择与法律主题相关的热点话题，是确保直播内容能够引发公众关注和讨论的关键。这不仅增强了法治传播的现实意义，还能培养公众对法律问题的敏感性和兴趣。通过对热点话题的精准选择，传播者可以在直播中引导观众关注当下的法律问题，激发他们对法治的思考和讨论，从而在潜移默化中提升公众的法律意识和法治观念。

邀请法律专家或知名律师参与直播，是提升直播内容权威性和可信度的有效途径。这些专业人士不仅能够提供权威的法律解读，还可以通过互动问答环节解决观众的疑问，增强直播的互动性和吸引力。专家的参与使得直播内容更具深度和广度，能够满足不同层次观众的需求。通过与观众的实时互动，专家可以根据观众的反馈调整讲解的方向和内容，确保法治传播的精准性和有效性。

设计直播环节中的互动活动，如观众提问和实时投票，是增加受众参与感和互动性的有效策略。通过这些互动活动，观众能够积极参与到直播中，表达自己的观点和疑问。这种互动不仅可以活跃直播气氛，还能促进法治知识的传播。观众在参与互动的过程中，不仅能够加深对法律知识的理解，还能通过与他人观点的交流，拓宽自己的法律视野。这种互动模式使得法治传播不再是单向的信息传递，而是多向的交流与互动。

在直播结束后，及时整理和发布直播回放及相关资料，是确保未能参与直播的观众也能获取法治信息的重要措施。通过回放和资料的发布，传播者可以扩大法治传播的覆盖面，确保更多的人能够接触到直播中的法律知识。回放资料不仅可以作为观众复习和巩固法律知识的工具，还可以吸引更多的人关注和参与到未来的法治直播中。通过这种方式，法治传播的效果得到了进一步的延伸和放大，为全社会的法治观念提升作出了贡献。

（二）观众互动设计

在法治网络传播中，通过精心设计的实时互动环节，观众可以在直播过程中直接向法律专家提出问题。这种互动不仅增加了观众的参与感，还为法律专家提供了一个及时了解观众需求和疑问的机会。这种双向交流有助于提高观众对法律知识的理解和兴趣，同时也使得法治传播更加贴近实际需求。通过实时的问答环节，法律专家能够及时澄清观众的疑问，消除误解，并提供更具针对性的法律建议。

观众投票机制是另一种有效的互动设计方式。在直播过程中，观众可以就法律话题进行投票，不仅增强了观众的参与感，还能收集到观众对法律问题的多样化看法。通过分析投票结果，法治传播者可以更好地了解观众的关注点和态度，从而在后续的传播中更有针对性地调整内容。此外，投票机制还可以激发观众的思考，使他们在参与的过程中加深对法律问题的理解。

为了延续直播的互动效果，创建直播后的讨论区是一个有效的措施。在讨论区中，观众可以继续交流和分享对直播内容的理解与见解。这种延续性的交流不仅可以巩固直播中所传播的法律知识，还可以激发观众之间的思维碰撞，产生新的见解和思考。讨论区提供了一个平台，使观众能够在更长的时间内保持对法律问题的关注和讨论，从而深化对法律知识的掌握。

引入奖励机制是激励观众参与互动的有效手段。通过对积极参与互动的观众给予小礼品或认证，可以进一步激发观众的参与热情。这种激励措施不仅增加了观众的参与动力，还可以吸引更多观众加入互动中。奖励机制的设计应注重公平性和多样性，以满足不同观众的需求和兴趣，从而最大限度地提升观众的参与度和互动效果。通过这些互动设计，法治网络传播可以实现更广泛的影响力和更深远的传播效果。

第二节　法治网络传播的内容创新与形式多样化

一、法治案例的呈现与解读

(一) 案例选择标准

在法治网络传播中，案例应具备代表性，能够反映特定法律问题的普遍性和典型性。这种代表性不仅体现在法律事实的普遍适用性上，还体现在案例所处的社会背景、法律适用过程以及最终的司法结果等方面。通过选择具有代表性的案例，传播者能够更好地引导受众理解法律条文背后的社会意义和价值取向。

案例的选择需要考虑其教育价值。一个好的法治案例不仅能够展示法律适用的过程，还能够启发受众思考法律原则与社会现实之间的关系。在选择案例时，传播者应优先选择那些能够引发公众讨论和思考的案例，以便在传播过程中实现法律知识的普及和法治精神的弘扬。教育价值的体现不仅在于法律知识的传递，更在于通过案例分析培养公众的法律思维能力和法治意识。

案例的选择标准还应包括其可操作性。所谓可操作性，是指案例在传播过程中的可行性和易于理解性。传播者应选择那些事实清晰、法律关系明确的案例，以便受众能够在有限的时间内迅速理解案例的核心问题和法律适用过程。通过选择可操作性强的案例，传播者可以提高传播效率，增强受众对法律知识的接受度和理解力。

案例的选择还应考虑到其社会影响力。一个具有广泛社会影响力的案例，往往能够引起公众的广泛关注和讨论，从而达到更好的传播效果。在选择此类案例时，传播者应注意平衡法律的严肃性和社会的关注度，以确保传播内容既符合法律规范，又能引发公众的积极参与和讨论。通过选择具有社会影响力的案例，法治网络传播能够更好地实现其教育功能和社会价值。

(二) 解读方法多样化

文本解读作为最基础的方式，依然是法治案例传播的核心。通过详细的法律条文分析和案例背景介绍，受众可以深入理解案件的法律实质。然而，单一的文本解读可能难以吸引广泛的受众，因此需要结合其他解读方式予以补充。

视频解读成为近年来法治传播中的热门选择。通过视频形式，复杂的法律概念和案例细节能够以更直观的方式呈现给受众。视频内容可以包括专家访谈、模拟法庭场景以及案例重演等，增强受众的参与感和理解力。此外，视频解读还可以通过社交媒体平台快速传播，扩大法治传播的覆盖范围。然而，视频解读也面临着制作成本和内容准确性的挑战，如何在保证质量的同时控制成本，是一个需要深入探讨的问题。

互动解读方法的应用为法治案例的传播带来了新的可能性。通过在线问答、实时讨论和虚拟法庭等互动形式，受众可以主动参与到法治案例的解读过程中。这种方法不仅提高了受众的参与度，还能够及时解答受众的疑问，增强法治传播的效果。互动解读的优势在于其能够根据受众的反馈不断调整内容和形式，使传播更加精准和有效。然而，互动解读也需要完善的技术支持和专业的法律知识储备，以确保传播的准确性和权威性。

结合数据可视化技术的解读方法为法治传播提供了新的视角。通过图表、信息图等形式，将复杂的法律数据和案例信息进行可视化处理，使受众能够更直观地理解和分析法治案例。这种方法不仅提升了信息的可读性，还能够帮助受众更好地掌握法律知识的整体脉络。然而，数据可视化的应用需要专业的数据分析能力和设计能力，以确保信息的准确传达和视觉效果的优化。因此，解读方法多样化是法治网络传播的重要发展方向，能够有效地提升传播的广度和深度。

二、法律法规的通俗化阐释

（一）语言简化策略

在法律法规的传播过程中，语言简化策略是提升公众理解力的关键。使用通俗易懂的语言，避免使用复杂的法律术语，可以有效降低法律文本的理解门槛。这种策略不仅有助于非专业人士理解法律内容，也能促进法律知识在更广泛人群中的普及。通过替换专业术语为常用词汇，法律信息的传播可以更具亲和力，提高公众的法律意识和遵从度。简化语言的过程需要法律专业人员与传播专家的合作，以确保法律信息的准确性，同时提升其可读性。

法律法规的通俗化阐释要求使用通俗易懂的语言，这对于非法律专业的公众尤为重要。通过避免使用晦涩难懂的法律术语，法律内容可以更直接地传达给普通读者。这种方法不仅能提高公众对法律的兴趣，还能增强法律文本的可访问性，使更多人能够理解并应用法律知识。通俗化的语言表达不仅限于文字，还可以通过口语化的表达方式进行传播，这样的策略能够有效缩短法律与公众之间的距离，提升法律的社会影响力。

生动的比喻和实例是将复杂法律概念转化为易于理解的日常情境的有效工具。通过将抽象的法律条款与具体的生活实例相结合，法律信息可以更具象化地呈现给公众。这种方法不仅能增加法治传播的趣味性，还能增强受众的情感共鸣，使其更容易记住和理解法律内容。比喻和实例的选择需要结合受众的文化背景和生活经验，以确保其具有足够的关联性和说服力，从而达到更好的传播效果。

视觉辅助工具如图表和信息图形在法律信息的传播中扮演着重要角色。通过将文字信息转化为视觉化的内容，法律信息可以更直观地传达给受众。图表和信息图形不仅能够简化复杂的信息结构，还能帮助受众在短时间内抓住法律要点。这种方法尤其适用于网络传播，因其能够在信息量大、注意力分散的环境中有效地吸引受众的注意力。视觉化的法治传播需要专业设计与法律内容的紧密结合，确保信息的准确性和视觉效果的协调性。

结构化的法律内容有助于提升信息的逻辑性和可读性。通过分段和使用小标题，清晰地组织法律文本，使读者能够快速识别和抓住重点。这种方法不仅能提高阅读效率，还能帮助读者在需要时快速查找特定信息。分段和小标题的使用应遵循法律内容的内在逻辑，并结合受众的阅读习惯，以确保信息的有效传递。结构化的法治传播可以帮助减少信息的冗余，提高法治传播的质量和效果。

（二）图文结合应用

在法治传播中，通过将法律条款以信息图表的形式展示，能够将复杂的法律信息转化为直观易懂的视觉内容。这种方式不仅能够帮助公众快速掌握法律的关键要点，还能在一定程度上降低法律知识的门槛，使其不再仅仅是专业人士的专属领域。信息图表通过图形化的设计，将法律条款的核心内容以简洁明了的方式呈现，使受众在短时间内理解法律的基本精神和具体要求。这种视觉化的呈现方式，能够有效地吸引受众的注意力，提高信息的传播效率和覆盖面。

法律宣传中采用漫画或插图的形式，是图文结合应用的另一种重要方式。

通过这种方式，法律知识可以以轻松幽默的方式呈现，极大地增加了法律内容的趣味性和吸引力。漫画和插图能够将抽象的法律概念转化为生动形象的故事情节，使受众在愉悦的阅读体验中潜移默化地接受法律知识。这种方式特别适合于青少年和法律知识相对薄弱的群体，有助于提高他们对法律的兴趣和理解能力。同时，漫画和插图还能够通过生动的角色和情节，帮助受众在现实生活中更好地识别和应对法律问题。

结合视频和图文，制作法律知识的短视频，是近年来法治传播中备受关注的形式。短视频通过视觉与听觉的双重刺激，可以显著提高受众对法律信息的接受度和记忆力。视频内容可以通过生动的画面和专业的解说，将复杂的法律知识以通俗易懂的方式传递给受众。短视频的便捷性和广泛性，使其能够在社交媒体平台上迅速传播，覆盖更广泛的受众群体。这种传播方式不仅能提升法律知识的普及效果，还能在一定程度上引导公众形成正确的法律意识和法治观念。

三、法治故事的讲述

（一）故事化叙述技巧

故事化叙述技巧强调情境化的运用，将法律知识巧妙地融入日常生活场景中。通过这种方式，受众能够在熟悉的情境中更自然地接触和理解法律知识，从而产生更深刻的共鸣和理解。这种方法不仅提高了法律信息的可接受性，还在潜移默化中增强了公众的法律意识。

运用情境化叙述，将法律知识融入具体的生活场景，是法治故事讲述的关键策略之一。通过将法律概念与受众日常生活中的情境相结合，能够有效地降低法律知识的理解难度。例如，在讲述有关消费者权益保护的法律时，可以通过一个购物纠纷的故事来展开，使受众更容易理解法律条款在实际生活中的应用。这种情境化的叙述方式，不仅使法律知识更具实用性，还能激发受众的兴趣，增强其学习法律的主动性和积极性。

通过角色化的方式构建人物形象，使法律故事更具人情味，是提升受众情感投入的重要手段。角色化的叙述技巧通过塑造鲜明的人物形象，使法律故事不仅仅停留在理性的层面，而是能够触及受众的情感。这种方法通过角色的喜怒哀乐、矛盾冲突等情节发展，使受众在情感上与角色产生共鸣，从而更深刻地理解法律故事的内涵。这种情感投入不仅增强了故事的感染力，也使法律知识的传播更加深入人心。

采用悬念和冲突的叙述结构，能够有效地吸引受众的注意力，提升法律故事的吸引力和传播效果。悬念和冲突是故事叙述中常用的技巧，通过设置悬念，引导受众对故事的发展产生好奇心，从而持续关注故事的进展。而冲突则是推动故事情节发展的动力，通过角色间的冲突、法律与道德的冲突等，使受众在紧张的情节中不断思考和反思。这种叙述结构不仅增强了故事的戏剧性，还能够在潜移默化中传播法律知识。

结合多媒体元素，如音频和视频，丰富法治故事的表现形式，是增强受众沉浸感和参与感的有效途径。多媒体技术的运用，使法治故事的传播不再局限于文字，而是通过声音、画面等多种感官刺激，提供更加立体的体验。这种多元化的呈现方式，不仅提高了受众的参与度，还能在短时间内传递大量的信息，提升法治传播的效率和效果。通过多媒体的结合，法治故事能够更加生动地展现法律的魅力，激发受众对法律的兴趣和关注。

（二）角色塑造与情节设计

通过精心设计的角色，法治故事不仅能够生动地展示法律知识在日常生活中的实际应用，还能够增强受众的情感共鸣与代入感。在角色塑造中，角色的性格特征、生活背景以及他们所面临的法律问题都需要与受众的生活经验产生关联，以便于观众更好地理解和接受法律知识。通过这些角色，观众能够看到法律在解决生活中实际问题时的作用，从而激发他们对法律的兴趣和对法治理念的认同。

设计角色的背景故事，使其与法律问题紧密相关，是法治故事成功的关键之一。每个角色的背景故事不仅要有趣，还需要与他们所面临的法律问题有直接的联系。这种设计能够帮助受众更深入地理解法律条款在现实生活中的重要性。例如，一个普通市民在面对合同纠纷时，通过角色的经历，观众可以清晰地看到法律在保护个人权益方面的作用。这种角色背景的设计不仅增加了故事的真实性，还能够使观众在观看过程中不自觉地学习和理解法律知识。

角色之间的互动冲突是法治故事中不可或缺的元素。通过角色之间的矛盾与冲突，法治故事能够生动地反映法律实践中的复杂性。这种复杂性不仅体现在法律条款的适用上，还体现在法律与道德、情感等因素的交织中。观众在观看这些角色的互动时，能够感受到法律问题的多面性，从而激发他们对法律问题的思考与讨论。这种思考与讨论不仅有助于加深观众对法律知识的理解，还能够促进他们对法治的深刻认识。

角色的成长与变化是传递法律知识价值的重要途径。在法治故事中，角色通过面对和解决法律问题逐渐成长，这种成长不仅体现在他们对法律知识的掌握上，还体现在他们法律意识与技能的提升上。通过角色的成长，观众能够看到法律知识在个人发展中的价值，进而受到鼓舞，在生活中积极运用法律意识与技能。这种角色成长的设计，不仅增强了法治故事的教育意义，还能够激励观众在现实生活中成为法律知识的践行者。

四、个性化内容定制

（一）用户需求分析

了解用户的法律知识水平是制定有效传播策略的基础。不同的受众群体在法律知识上的储备和理解能力存在显著差异，因此传播内容和形式需要根据用户的知识水平进行调整。通过分析用户的法律知识水平，传播者可以设计出既符合用户理解能力又能有效传递法律信息的内容，从而提高传播的精准度和有效性。

识别用户的法律关注点和兴趣领域是提升法治传播内容吸引力的关键。用户在法律领域的关注点可能集中在不同的话题上，如劳动法、知识产权等。通过识别这些关注点，传播者可以定制化内容，使其与用户的实际需求相匹配。这不仅能增加内容的吸引力，还能促进用户对法律知识的深入理解和应用。因此，精准识别用户兴趣领域是提升法治传播效果的重要手段。

评估用户的使用习惯和偏好有助于优化传播渠道和互动方式。用户在接收信息时表现出的使用习惯和偏好，包括他们偏好的信息获取方式、互动模式以及对不同传播渠道的使用频率等，都是传播策略制定的重要参考因素。通过对这些习惯和偏好的深入分析，传播者可以选择最合适的传播渠道，并设计出更具互动性的传播方式，从而提升用户的参与度和满意度。

收集用户对法治内容的反馈和建议是不断优化传播策略的有效途径。用户的反馈不仅反映了他们对现有内容的看法，也提供了对未来内容开发的宝贵建议。通过对用户反馈的系统分析，传播者可以及时调整传播策略，使内容更具针对性和时效性。这种动态调整机制确保了法治传播内容始终与用户需求保持一致，从而实现传播效果的最大化。

（二）内容推荐算法

在法治网络传播的实践中，内容推荐算法是通过分析用户的行为数据，理解用户的兴趣和需求，从而为用户提供量身定制的法律信息和资源。通过对用户浏览历史和互动记录的深入分析，算法能够识别用户的偏好，并据此推送相关的法律内容。这种基于用户行为数据的个性化推荐不仅提高了信息的相关性，还增强了用户的体验，使得法律信息的获取更加便捷和高效。推荐算法的核心在于其能够随着用户行为的变化而不断调整，以确保所推荐的内容始终符合用户的实际需求。

为了提升推荐系统的精准度和用户满意度，结合用户反馈与评价是至关重要的。通过收集用户对推荐内容的反馈，算法可以动态调整其推荐策略。这种动态调整不仅能提高内容的相关性，还能增强用户的满意度，使得用户在获取法律信息时感受到更多的个性化服务。用户的反馈机制是算法优化的重要组成部分，通过持续的反馈收集与分析，推荐系统能够更好地理解用户的需求变化，确保推荐内容的精准性和实用性。这种基于用户反馈的动态优化机制，是提升法治网络传播效果的重要手段。

机器学习技术的运用，为内容推荐算法的优化提供了强有力的支持。通过机器学习技术，算法能够对大量用户数据进行分析，识别出用户的偏好和兴趣变化。机器学习技术的自我学习能力，使得推荐系统能够在不断变化的用户环境中保持高效运作。通过不断的学习和优化，推荐系统可以提高内容的精准度，确保用户在短时间内获取到最相关的法律信息。这种技术的应用，不仅提升了法治信息的传播效果，也为用户提供了更为精准和高效的法律服务。

用户画像的设置，是个性化内容推荐的重要环节。通过对用户的法律知识水平、兴趣领域和行为习惯进行分析，推荐系统可以为用户定制个性化的法治内容。这种定制化的内容推荐，不仅增强了用户的参与感，也提高了用户的忠诚度。用户画像的准确性，直接关系到推荐内容的相关性和实用性。通过对用户画像的不断更新和完善，推荐系统能够更加精准地识别用户需求，为用户提供更为个性化的法律信息服务。这种基于用户画像的内容推荐，是提升法治网络传播效果的重要策略。

第三节　法治网络传播的监管与自律机制

一、法律法规的监管依据

（一）现行法律框架

《互联网信息服务管理办法》构成了网络传播的基本法律框架，明确了互联网信息服务的管理责任及义务。这一法规为网络传播的有序进行提供了制度保障，确保信息传播的合法性和规范性。

《中华人民共和国著作权法》在法治内容的创作和传播中扮演着至关重要的角色。它不仅规范了版权问题，确保创作者的权益得到保护，同时也促进了合法使用他人作品，推动了法治内容的创新和传播。

《中华人民共和国反不正当竞争法》则在法治信息传播的商业行为中设定了明确的界限，防止不正当竞争行为破坏法治传播的公正性和透明度。这一法律框架的存在，确保了各类信息传播活动在法律的框架内进行，维护了市场的公平竞争环境。

《中华人民共和国网络安全法》强调了网络信息的安全与保护，为法治网络传播提供了重要的安全保障。它不仅确保了传播过程中的信息安全和用户隐私保护，还为网络传播的长远发展奠定了坚实的基础。通过这些法律法规的共同作用，法治网络传播得以在一个更加安全、规范和公正的环境中发展。

（二）相关法规解读

在法治网络传播的实践中，《互联网信息服务管理办法》明确规定了信息发布者在法治网络传播中的责任与义务。该法规强调，信息发布者必须确保其传播内容的合法性，避免发布虚假或误导性的信息。这不仅是对信息发布者的基本要求，也是对受众权益的保护措施。通过对信息发布者的严格监管，该办法确保了法治信息在网络平台上的可信度与公信力，维护了健康有序的信息传播环境。

《中华人民共和国著作权法》在法治网络传播中扮演着保护创作者权益的重要角色。该法律为法治内容的创作与传播提供了版权保护，确保创作者的合法权益不受侵犯。通过明确规定作品的版权归属与使用范围，《中华人民共和国著作权法》不仅保障了创作者的经济利益，还激励了更多优质法治内容的创作与传播。此外，该法还规定了合理使用的范围，允许在一定条件下对作品进行使用，以促进法治信息的合法传播和公共知识的共享。

《中华人民共和国反不正当竞争法》是维护法治信息传播中商业行为公正性的关键法律。该法禁止虚假宣传和不正当竞争行为，确保法治网络传播中的商业活动遵循公平竞争原则。通过对不正当竞争行为的严格限制，《中华人民共和国反不正当竞争法》提高了法治信息传播的透明度与公正性。这不仅有助于维护市场秩序，还保障了受众获取真实、可信信息的权利，从而推动了法治文化在网络空间的健康发展。

《中华人民共和国网络安全法》强调了网络信息的安全性，是法治网络传播安全与完整性的法律保障。该法要求法治网络传播平台采取必要措施，保护用户数据和隐私，包括对信息存储、传输等环节的安全管理，防止信息泄露或篡改。《中华人民共和国网络安全法》的实施，不仅提高了法治信息传播的安全性，也增强了用户对网络平台的信任感，从而为法治信息的广泛传播创造了良好的技术与法律环境。

二、政府部门的监管职责

（一）职责分工

政府部门应当建立健全法治网络传播监管机制，确保信息发布符合现行法律法规的要求。这一机制的建立不仅需要明确的法律框架，还需要各部门的协同合作，以实现高效的监管。通过明确各个部门在法治网络传播中的职责，政府可以确保各部门之间的协作与信息共享，从而提高监管效率。这种协作机制有助于在信息发布的各个环节中进行有效的监督和管理，确保信息的合法性和真实性。

为了维护公众的合法权益，政府部门应对法治网络传播平台进行定期检查和评估。这些检查和评估的目的是确保平台上的内容符合国家法律法规的要求，并且信息的发布过程透明且可信。通过这些措施，政府可以有效地防止虚假信息和违法内容的传播，保障公众的知情权和合法权益。在此过程中，政府部门还应与相关技术公司合作，利用先进的技术手段提高监管的效率和准确性，这也是未来法治网络传播监管的发展趋势之一。

建立投诉与举报机制是政府部门监管职责的重要组成部分。通过鼓励公众对违法违规行为进行举报，政府可以增强法治网络传播的透明度与公信力。这一机制不仅为公众提供了参与监管的途径，也为政府部门提供了获取信息和线索的渠道。公众的参与使得违法行为更容易被发现和制止，从而提高了监管的覆盖面和深度。政府部门应对举报信息进行及时的处理和反馈，以增强公众对法治网络传播的信任和支持。

政府部门在法治网络传播中的监管职责需要不断完善和调整，以应对快速变化的网络环境和传播模式。随着信息技术的发展，网络传播的形式和内容不断演变，政府部门需要在职责分工和监管机制上进行创新，适应新的挑战。通过引入先进的技术手段和加强与社会各界的合作，政府可以更好地履行其监管职责，确保法治网络传播的健康发展，不仅有助于维护社会的稳定和秩序，也为推动法治社会的建设提供了有力的支持。

（二）执法程序

在现代社会中，建立健全执法标准是确保违法行为得到有效打击的关键。执法标准的建立不仅需要明确执法机构的职责和权限，还需要确保这些标准的实施能够有效遏制违法行为。通过制定详细的执法标准，政府可以在法治网络传播中发挥更为积极的作用，确保网络环境的健康有序发展。

执法程序的制定是确保执法过程规范性和透明性的基础。具体来说，执法程序应包括信息收集、调查取证和案件审理等多个环节。信息收集阶段需要执法机构具备敏锐的洞察力和全面的信息获取能力，确保对违法行为的及时发现。调查取证环节则要求执法人员具备专业的法律知识和技巧，确保证据的合法性和有效性。最后，案件审理阶段需要一套完善的法律框架和程序，确保审理过程的公正性和透明度。这些环节的有机结合，是确保法治网络传播执法程序有效运行的关键。

引入第三方监督机制是增强执法过程公正性的重要手段。第三方监督不仅可以提供独立的视角，还可以确保执法过程不受内部或外部不当影响，从而增强公众对法治网络传播的信任与支持。通过第三方监督，执法过程中的每一个环节都受到严格的审查，确保执法人员在法律框架内行使权力，避免滥用职权。同时，第三方监督还可以为执法机构提供反馈和建议，帮助其不断完善执法程序和机制。

建立执法结果反馈机制是增强法治宣传效果和提高公众法律意识的重要途

径。通过及时向社会公众通报执法成果，政府部门可以展示其在维护法治网络传播方面的积极作为，增强公众对法治的信心。此外，执法结果的公开透明也有助于提高公众的法律意识，使其更好地理解和遵守相关法律法规。这不仅是法治网络传播监管的一个重要环节，也是促进社会整体法治水平提升的有效手段。通过这些机制的实施，法治网络传播的实践模式将得到进一步优化。

三、网络平台的自我监管

（一）内容审核机制

为了确保所有法治信息符合相关法律法规的要求，网络平台必须建立完善的内容审核标准。这样的标准不仅是保障传播内容合法性和真实性的基础，也是提升平台公信力的关键。通过制定明确的审核标准，平台能够有效过滤不当信息，防止虚假、误导性信息的传播，从而在法治网络传播中发挥积极作用。

为了进一步保证法治内容的准确性和权威性，网络平台需要引入专业的审核团队。这些团队由具备法律专业知识和丰富审核经验的人员组成，他们定期对平台发布的法治内容进行审查。专业的审核团队能够识别复杂法律问题，并对信息进行深度分析，确保发布内容的正确性和可靠性。这种专业化的审核不仅能增强内容的权威性，还能为用户提供更具信服力的法治信息。

在现代科技的推动下，利用技术手段提升内容审核的效率和准确性成为可能。人工智能和大数据分析在内容审核中发挥着越来越重要的作用。通过这些技术，平台可以快速识别和处理违法违规信息，减少人工审核的时间成本。人工智能的运用不仅提高了审核的效率，还能在海量信息中精准定位问题内容，确保法治信息传播的及时性和有效性。

建立透明的内容审核流程同样不可或缺。网络平台应当向用户公开审核标准和结果，以增强公众对法治传播平台的信任与支持。透明的审核流程不仅可以增加平台的公信力，还能提高用户的参与度和满意度。通过公开审核标准，用户能够清晰了解平台的审核机制和信息发布规则，从而更好地配合平台的自我监管措施，共同维护法治传播的健康生态。

（二）用户行为管理

在法治网络传播的实践模式中，用户行为管理的核心在于通过建立完善的用户行为规范，明确用户在法治传播平台上的行为标准。这不仅有助于促进良性互动和信息共享，还能有效提升平台的整体质量。用户行为规范的建立需要结合法律法规、平台政策和用户反馈，确保其具有可操作性和公正性。通过明确的行为标准，用户可以清晰地了解哪些行为是被鼓励的，哪些行为是被禁止的，从而在互动中自觉遵守相关规定，形成一个健康、积极的网络传播环境。

实施用户信用评价系统是用户行为管理的另一重要手段。该系统通过记录用户的行为和参与度，对用户进行信用评级。这种评级不仅能够提升用户的责任感和自律意识，还能激励用户在法治传播中积极贡献。信用评价系统需要具备公正、透明和动态调整的特点，以确保其对用户行为的评估是客观的。通过对用户的信用评级，平台可以识别出优质用户并给予相应的激励措施，同时对不良行为进行适当的限制和惩罚，维护平台的良好秩序。

开展用户教育与培训是提升用户法律知识理解与应用能力的有效途径。通过系统化的教育培训，用户能够更好地掌握法律知识，更为主动和积极地参与法治传播中。教育与培训的内容应涵盖基本法律常识、平台使用规范以及网络安全等方面，帮助用户树立正确的法律意识和行为习惯。通过多样化的教育形式，如在线课程、互动讲座和案例分析，平台可以有效地提高用户的法律素养，提高其在法治传播中的参与度和贡献度。

定期发布用户行为分析报告是用户行为管理的最后一个环节。通过这些报告，平台可以向用户反馈其使用情况和行为规范的遵守情况。这种反馈机制不仅能够激励用户遵守平台规则，还能促使其更加积极地参与法治传播。用户行为分析报告应当包括用户的行为数据、参与度分析以及对平台规则的遵守情况等，以全面反映用户在平台上的表现。通过公开透明的反馈机制，平台可以进一步强化用户的责任感和参与意识，推动法治网络传播的良性发展。

四、行业协会的自律规范

（一）行业标准制定

制定法治传播行业的基本准则，确保所有参与者遵循统一的法治传播标准，是维护法治传播公正性与透明度的关键步骤。通过这一标准，行业协会可以为网络传播平台提供明确的指导方针，确保信息的传递符合法律和道德标准。这不仅有助于规范行业行为，还能提升公众对法治信息的信任度。行业标准的制定需要广泛的行业参与和专家意见，确保其适用性和前瞻性。

在制定行业标准的过程中，建立法治传播内容的质量评估体系是不可或缺的一环。通过专业评审与用户反馈相结合的方式，可以持续提升内容的准确性和权威性。专业评审提供了技术和法律层面的保证，而用户反馈则反映了公众对信息的接受度和理解度。这种双重评估机制有助于行业协会不断完善标准，确保法治传播内容不仅符合专业要求，还能有效地传达给普通公众。

设立法治传播行业自律公约是促进行业内部合作的重要手段。通过鼓励行业内各平台相互合作，分享最佳实践与经验，可以推动法治信息的有效传播。自律公约不仅是对行业标准的补充，也是对行业成员行为的约束。它强调了行业内的合作精神和共同责任，促使各平台在竞争的同时，共同维护法治传播的整体质量和声誉。

开发法治传播的技术标准是行业协会在信息时代面临的新挑战。确保信息发布平台的安全性与稳定性，不仅是对用户数据和隐私的保护，也是增强公众对法治传播信任的重要措施。随着技术的不断发展，行业协会需要不断更新技术标准，以应对新的安全威胁和技术挑战。这不仅需要技术专家的参与，也需要法律专家的指导，以确保技术标准既符合安全要求，又不违背法律原则。通过这些努力，行业协会可以有效地保障法治传播的健康发展。

（二）自律公约实施

在法治网络传播的实践模式中，制定行业自律公约的具体内容至关重要。公约应明确各参与方在法治传播中的权利和义务，以促进合法合规的传播行为。这不仅涉及对法律法规的遵守，还包括对信息真实性、传播伦理的把握。通过明确的条款，各方可以清晰地了解自身的责任和义务，从而在传播过程中自觉遵守相关规范，避免法律风险。

在自律公约的实施过程中，建立有效的监督机制是确保公约落实的关键。行业协会可以通过定期评估各参与方的遵守情况，来监测公约的执行效果。这种评估不仅是对公约条款的检查，更是对行业整体自律水平的考量。通过定期的监督和反馈，行业协会能够及时发现问题，调整公约内容，以适应不断变化的传播环境。同时，这种监督机制也能增强公约的执行力，使参与方更加重视自律规范的遵守。

为了提高行业整体的自律意识和责任感，鼓励行业内各平台分享遵守自律公约的成功经验和最佳实践。通过交流和分享，各平台可以相互学习，借鉴他人的成功经验，提升自身的自律水平。这种经验分享不仅有助于提高行业整体的合规水平，还能增强行业内的凝聚力，形成良好的自律氛围。此外，行业协会可以组织相关的研讨会或培训，帮助平台更好地理解和执行自律公约。

设立自律公约的违规处理机制是维护法治传播规范性和公正性的保障。对于违反公约的行为，必须有相应的惩罚和纠正措施，以震慑潜在的违规者。通过明确的违规处理机制，行业协会不仅可以维护公约的权威性，还能促使各参与方自觉遵守公约，避免因违规而受到惩罚。这种机制的存在，不仅是对自律公约的保障，更是对整个行业健康发展的保障。通过严格的违规处理机制，行业协会能够有效维护法治传播的秩序和公正性。

五、公众监督的渠道与方式

（一）举报机制

在法治网络传播的实践模式中，举报机制的建立，旨在为公众提供一个便捷而有效的途径，参与到法治监督的过程中。在这个机制中，便捷性是其核心要素之一。通过多种方式，如在线平台、社交媒体、热线电话等，公众可以轻松地提交举报信息。这种多样化的渠道设计，不仅提高了举报的可及性，还有效地降低了公众参与的门槛，使得更多的人能够在第一时间对违法或不当行为进行举报。

为了确保举报信息能够得到及时且有效的处理，设立专门的举报处理机构是至关重要的。这些机构负责对接收到的举报信息进行审核和处理，确保每一个举报事项都能得到及时响应和有效解决。这样的安排不仅有助于提升处理效率，还可以通过专业化的审核流程，确保举报信息的真实性与准确性，从而维护法治传播的公正性和权威性。

在举报机制中，反馈机制同样扮演着关键角色。通过制定明确的举报反馈机制，举报人能够及时了解到其举报事项的处理结果。这种透明化的反馈，不仅增强了公众对举报机制的信任，还激励更多人参与到法治监督中。反馈机制的有效运作，有助于建立起公众与监管机构之间的良性互动，进一步提升举报机制的公信力与影响力。

开展广泛的宣传活动，对于提高公众对法治传播中举报机制的认识至关重要。通过多样化的宣传手段，公众能够更深入地了解举报机制的运作流程及其重要性。这种认知的提升，不仅能鼓励更多人参与到法治监督中，还能形成良好的社会监督氛围。通过公众的积极参与，法治传播的监管与自律机制将会更加完善，为构建和谐法治社会贡献力量。

（二）社会监督平台

社会监督平台的核心目标是增强公众对法治传播的参与感和监督意识，同时促进法律信息的透明性和公正性。通过社会监督平台，公众不仅可以获取法律信息，还能积极参与到法治传播的过程中。这种参与不仅提高了法律信息的透明度，也有助于在公众中树立公正的法律形象。社会监督平台的存在，使得公众在法律信息的获取和传播中不再是被动的接受者，而是积极的参与者，从而增强他们对法治的理解和信任。

社会监督平台的有效运行依赖于多种反馈渠道，这些渠道允许公众对法治传播内容进行评价、建议和举报。通过这些渠道，公众可以对不实或不合法的法律信息进行举报，确保信息的真实性和合法性。这种多渠道的反馈机制，不仅提高了公众参与的积极性，在一定程度上也对法治传播的内容进行了监督和制衡。公众的评价和建议，有助于法治传播内容的优化和改进，使其更符合社会的期望和需求。

通过社会监督平台，公众还可以积极参与法律知识的传播和讨论。这种参与不仅有助于形成良好的法律文化氛围，还能增强社会整体的法律意识。公众在参与法律讨论的过程中，不仅加深了对法律知识的理解，也在无形中传播了法律文化。这种法律文化的传播，有助于形成一个法治意识较强的社会环境，使得法治观念深入人心。

为了提高透明度和增强公众信任感，社会监督平台应定期发布监督报告。这些报告应向公众通报法治传播的情况和存在的问题，使公众能够及时了解法治传播的现状和发展。这种信息的公开，不仅提高了法治传播的透明度，也增强了公众对法治传播的信任感。通过定期的监督报告，社会监督平台可以有效地发挥其监督和引导作用，确保法治传播的健康发展。

参考文献

［1］陈思明．新时代法治传播新动能研究［M］．北京：中国法制出版社，2020．

［2］李坤轩．社会治理法治化研究［M］．北京：中国政法大学出版社，2020．

［3］夏倩芳．互联网法治与科学传播［M］．北京：中国传媒大学出版社，2021．

［4］袁侃．中国电视法治节目发展研究［M］．宁波：宁波出版社，2023．

［5］孙江．传媒法与法治新闻研究［M］．北京：中国国际广播出版社，2019．

［6］罗薇．法治中国与法治文化［M］．上海：上海社会科学院出版社，2020．

［7］陈立峰．高校法治教育与法治意识培养研究［M］．北京：文化发展出版社，2024．

［8］温晓燕．乡村法治建设研究［M］．长春：吉林人民出版社，2021．

［9］陈焱光，邹爱华．法治城市研究［M］．武汉：武汉大学出版社，2020．

［10］王顺安．社区矫正法治研究［M］．北京：中国政法大学出版社，2021．

［11］王宇熹．城市精细化管理的法治研究［M］．上海：上海人民出版社，2023．

［12］梁海峰．法治与德治理论研究［M］．秦皇岛：燕山大学出版社，2022．

［13］李力．高校法治的理论与实践［M］．长春：吉林出版集团股份有限公司，2022．

［14］游昀之，颜鹃花．思想道德与法治教学案例［M］．上海：上海交通大学出版社，2023．